Stundenblätter
Deutschland nach 1945

Günter Scholdt

Stundenblätter Deutschland nach 1945

Sekundarstufe II

29 Seiten Beilage

Ernst Klett Stuttgart

Die Stundenblätter Geschichte/Gemeinschaftskunde
werden herausgegeben von:
Prof. Gerhart Maier und Dr. phil. Hans Georg Müller

CIP-Kurztitelaufnahme der Deutschen Bibliothek

Scholdt, Günter:
Stundenblätter Deutschland nach 1945 [neunzehnhundertfünfundvierzig]:
Sekundarstufe II / Günter Scholdt. –
1. Aufl. – Stuttgart : Klett, 1981.
Und Beilage.
 (Stundenblätter Geschichte/Gemeinschaftskunde)
 ISBN 3-12-927691-2

NE: GT

1. Auflage 1981
Alle Rechte vorbehalten
Fotomechanische Wiedergabe nur mit Genehmigung des Verlages
© Ernst Klett, Stuttgart 1981
Satz: G. Müller, Heilbronn
Druck: Wilhelm Röck, Weinsberg
Einbandgestaltung: Zembsch' Werkstatt, München

Inhalt

I. **Fachwissenschaftliche Aspekte des Themas** 7

II. **Didaktische Vorüberlegungen zur Konzeption der Stundenblätter „Deutschland nach 1945"** 12

III. **Literaturverzeichnis** 16

IV. **Abkürzungsverzeichnis** 21

V. **Beschreibung der Einzelstunden** 22

    1. Stunde: Die „Stunde Null" 22
    2. Stunde: Die Potsdamer Konferenz 27
    3. Stunde: Deutschland unter Viermächteverwaltung 32
    4. Stunde: Die SBZ wird Volksdemokratie 37
    5. Stunde: Der Weg zum Weststaat 41
    6. Stunde: Die Gründung zweier deutscher Staaten 46
    7. Stunde: Das Bonner Grundgesetz 51
    8. Stunde: Parteien in Westdeutschland 56
    9. Stunde: Adenauers Westintegration und ihre Konsequenzen . 61
   10. Stunde: „Wiedervereinigung" – Sowjetische Taktik oder reale Chance? 67
   11. Stunde: Das innerdeutsche Verhältnis (1955–1969) 71
   12. Stunde: Wirtschaftliche und gesellschaftliche Entwicklung in Ost- und Westdeutschland 76
   13. Stunde: Das Berlin-Problem 82
   14. Stunde: Die neue Ost-Politik der Regierung Brandt/Scheel ... 85
   15. Stunde: Zwei Staaten – eine Nation (?) 90

I. Fachwissenschaftliche Aspekte des Themas

1. Der in den vorliegenden Stundenblättern behandelte historische Abschnitt als selbständige Epoche bedarf der Rechtfertigung. Die Abgrenzung eines Zeitraums von 1945 bis in die Mitter der 70er Jahre ist somit auch nur hinsichtlich seines Ausgangspunkts als unproblematisch zu betrachten. Daß das Ende des Zweiten Weltkriegs eine welthistorische Wendemarke darstellt, von der aus ganz neue politische Konstellationen ihren Ausgang nahmen, ist unumstritten. Für Deutschland trägt die Bezeichnung „Stunde Null" dieser Einschätzung vieler Zeitgenossen Rechnung, wiewohl gerade in jüngster Zeit in verstärktem Maße politische Kontinuitäten und Traditionslinien herausgehoben werden. „Das Jahr 1945 war nicht das ‚Jahr Null'", heißt es z. B. in einer von den Autoren Huster, Kraiker, Scherer, Schlotmann und Welteke verfaßten Untersuchung mit dem bezeichnenden Titel „Determinanten der westdeutschen Restauration 1945–1949" (Frankfurt/M. ²1973, S. 69). Auf der gleichen Linie der Argumentation liegt Eberhardt Schmidts Studie „Die verhinderte Neuordnung 1945–1952" (Frankfurt/M. 1970). Ansatzpunkt für die Betonung der Kontinuität ist der Fortbestand des kapitalistischen Wirtschaftssystems und die strikte Verhinderung einer sozialistischen Alternative im Westen. Auch der Verzicht auf eine konsequente Weiterführung der Entnazifizierung in der Bundesrepublik (vgl. J. Fürstenau, Entnazifizierung, Neuwied 1969) bzw. verwaltungsmäßige Konstanzen in der ersten Hälfte des 20. Jahrhunderts, auf die z. B. Theodor Eschenburg (Der bürokratische Rückhalt, in: Die zweite Republik, hg. v. R. Löwenthal/H. P. Schwarz, Stuttgart 1974, S. 64 ff.) verwies, gelten als Beleg gegen die Vorstellung eines vollkommenen Neubeginns. Doch dies sind in der Regel Einschränkungen, was die Qualität des Neuabschnitts anbelangt, nicht Zweifel an dessen grundsätzlichem Vorhandensein. Um das o. a. Huster-Zitat also nochmals aufzugreifen, so gilt fraglos, was in dessen Verlauf formuliert ist: „Das Jahr 1945 war nicht das ‚Jahr Null'; gleichwohl war es eine Zäsur." Schwieriger ist die Periodisierungsgrenze nach oben zu begründen. Legt man hier den weltpolitischen Maßstab an, so ließe sich vielleicht eher eine Zäsur in den 60er Jahren finden, nach der Kuba-Krise von 1962 etwa, als der kalte Krieg langsam von globalen Entspannungstendenzen abgelöst wurde. Wenn also diese – zweifellos fließende – Grenze um ein Jahrzehnt höher angesetzt wurde, markiert von Ereignissen wie Grundlagenvertrag, ihn betreffendes BVG-Urteil und DDR-Abgrenzung, so rechtfertigt sich dies vor allem aus deutscher Sicht. Geht es doch vornehmlich um die „Deutsche Frage".

2. Dabei ist diese eigentlich ein sehr altes Problem für ganz Europa, das nicht nur geschichtliche Ereignisse immer wieder von neuem aufrollen läßt, sondern das letztlich durch die geographische Lage bedingt ist. Wenn man will, so gibt es eine „Deutsche Frage" bereits seit dem Mittelalter, den Romzügen deutscher Kaiser oder den germanisch-slawischen Auseinandersetzungen im Osten zur Zeit der Ritterorden. Als politisches Thema von entscheidendem Rang muß sie aber spätestens in der Neuzeit betrachtet werden. Bodensieck nennt in seiner Textsammlung „Die Deutsche Frage seit dem Zweiten Weltkrieg" in diesem Zusammenhang die Jahreszahlen 1648, 1807/12, 1815 und 1919.

Unter zeitgeschichtlichem Aspekt stellt sich jedoch die Deutsche Frage mit besonderer Schärfe als zentraler Streitpunkt der internationalen Machtpolitik dar. Je nachdem, ob man die Frage von draußen, also aus der Sicht des Auslandes, oder von innen, d. h. von der deutschen Bevölkerung her, zu beantworten sucht, oder ob man die gesellschaftlichen bzw. ideologischen Bedingungen als dominierende – und daher zu ändernde – Faktoren ansieht, kommt man zu unterschiedlichen Lösungsversuchen. Drei bereits von Bodensieck (I, 1 f.) herausgehobene Quellen aus jeweils anderer Perspektive mögen dies belegen:

1. „Die ‚Deutsche Frage' hat zwei verschiedene Seiten. Wie können die Völker Europas gegen wiederholte Ausfälle deutscher Aggression gesichert werden? Und wie kann das deutsche Volk eine ruhige, friedliche Form der politischen Existenz finden?" (A. J. P. Taylor, The Course of German History. A Survey of the Development of Germany since 1815, London ²1945, S. 8 f.)

2. „Die ‚Deutsche Frage' lautet: Wie kann das zahlenmäßig stärkste Volk Europas zu einer gemeinsamen politischen Willensbildung, mithin zu einer Nation kommen – wie sie in Frankreich, England, Rußland, Polen, Italien, den iberischen und skandinavischen Staaten vollzogen ist –, ohne daß Frieden und Freiheit der übrigen europäischen Nationen dadurch gefährdet zu werden brauchen?" (W. Hubatsch, Die Deutsche Frage, Würzburg 1961, S. V.)

3. „Das Wesen der deutschen Frage besteht in der Beseitigung des deutschen Imperialismus und Militarismus und in der Schaffung von Bedingungen für eine demokratische, friedliche Entwicklung Deutschlands, die den früheren Weg der Kriege und Aggressionen ausschließt. Die Lösung dieser Frage wurde angesichts der Spaltung Deutschlands in zwei Staaten, die sich in gegensätzlicher Richtung entwickelten, außerordentlich erschwert." (W. Kerff/H. Seydewitz [Hg.], Wörterbuch der Außenpolitik [Berlin-Ost] 1965, S. 158.)

Es wird evident, daß so verschiedenartige Erwartungen kaum zur Deckung zu bringen sind, und die Gefahr eines partikularen Arrangements der jeweils herrschenden Mächte auf der Basis ihres aktuellen Interesses läßt sich bereits vom theoretischen Ansatz her erkennen.

3. Man erwartet an dieser Stelle sicherlich keinen Forschungsbericht über die kaum übersehbare Masse an Publikationen zu diesem Thema, aber einige Schlaglichter seien immerhin geworfen auf Tendenzen und Akzente bzw. Schwerpunktverlagerungen innerhalb der publizistischen und wissenschaftlichen Arbeit in diesem Bereich. Bei näherer Beschäftigung mit der Literatur zur „Deutschen Frage" lassen sich schon bald etwa folgende Problemschwerpunkte ausmachen, um die sich die historiographischen Kontroversen konzentrieren:

– die Ereignisse und Verantwortlichkeiten bis zur Spaltung (1949)
– die Person Adenauers und seine Deutschlandpolitik
– die Brandtsche Ostpolitik
– die Entwicklung innerhalb der DDR.

Parallel zu den Debatten im Bundestag wie in der Öffentlichkeit galt eine erste Gruppe von Studien – neben der Aufbereitung der verschiedenen Deutschland betreffenden internationalen Konferenzen – der Problematik der durch die Bundesrepublik vollzogenen Westintegration samt den deutschlandpolitischen Implikationen: Remilitarisierung, Bündnispolitik des west- bzw. ostdeutschen Teilstaats und Wiedervereinigungschancen. Unterschiedliche Bewertungen erfuhren dabei insbesondere Beitrag und Haltung Adenauers zu dieser Entwicklung wie die Frage der Realisierbarkeit eines sowjetischen Neutralitätsangebots. Der 1964 erschienene Sammelband „Die Ära Adenauers" mag hier als publizistische Bestandsaufnahme genannt werden (vgl. etwa die Beiträge Augsteins und Waldens, des weiteren die „Adenauer-Studien" von Morsey/Repgen*, die Arbeiten

---

* Wo im folgenden außer dem Autorennamen keine weiteren Angaben gemacht sind, handelt es sich um die im Literaturverzeichnis aufgeführten Titel.

von Wettig und Schubert zur Wiederbewaffnung). Die unterschiedlichen Auffassungen über Stellenwert und Aufrichtigkeit der Adenauerschen Wiedervereinigungsbemühungen kommen in den Werken Noltes, Bessons, Barings oder Vogelsangs auf der einen, Hillgrubers, Gottos oder Frommes auf der anderen Seite zum Ausdruck (vgl. auch Kurzausschnitte der gegensätzlichen Positionen: Info 176, S. 14f.). Aufschlußreich ist natürlich in diesem Zusammenhang auch der Vergleich zwischen den Adenauerschen Erinnerungen und den Konzeptionen seiner politischen bzw. journalistischen Gegner wie Paul Sethe oder Gustav Heinemann. Zu diesem Thema liegt seit 1976 ein informativer Forschungsbericht vor von H. Grieser (Konrad Adenauer im Urteil der Forschung, in: GWU 27/1976, H.1, S.25ff.).

Erst mit einem gewissen zeitlichen Abstand wandte sich das Historikerinteresse schwerpunktmäßig den unmittelbaren Folgejahren des Zweiten Weltkriegs zu, in denen die Grundlagen der Spaltung gelegt wurden. Noch 1966 konnte H.-P. Schwarz (Vom Reich zur Bundesrepublik, Neuwied/Berlin, S. XXXI) – wenn auch sicherlich etwas überzeichnend – feststellen:

„Die Deutschlandpolitik während der Besatzungsherrschaft von 1945 bis 1949 ist erstaunlich lange im toten Winkel der Forschung liegengeblieben."

Inzwischen gibt es auch für diesen Bereich eine Reihe ergiebiger Studien von vielfältigen Ansätzen her, welche den Zeitraum weitgehend erschließen. Den Werken von Cornides, Deuerlein, Lilge und Krautkrämer in den 50er und 60er Jahren gesellen sich in den 70ern die Arbeiten von Noack oder Thilenius sowie von Eberhardt Schmidt und Huster u. a., die vor allem die Westorientierung sehr kritisch beurteilen, hinzu. Aus DDR-Sicht stellt sich die Spaltung allein als westliches Komplott dar (vgl. etwa: Badstübner/Thomas, J. Kuczynski oder St. Doernberg).

Dem starken publizistischen und historiographischen Echo auf die Adenauersche Westpolitik steht in jüngster Zeit eine ebenso breite Auseinandersetzung mit der Brandtschen Ostpolitik gegenüber oder – soweit dies an Tendenzen bereits erkennbar ist – noch bevor. Angesichts der Tatsache nämlich, daß zehn Jahre nach dem Moskauer Vertrag dessen Bewertung noch immer Wahlkampfstoff bietet, dürfte das Interesse an diesem Gegenstand auch in Zukunft kaum erlahmen, zumal die neuesten weltpolitischen Entwicklungen Görtemakers Einsicht zu bestätigen scheinen,

„daß der Ost-West-Konflikt durch die Entspannungspolitik nicht beendet oder gar ersetzt worden ist, sondern daß Kalter Krieg und Entspannungspolitik nur verschiedene Erscheinungsformen dieses Konflikts sind, der sich – idealtypisch gesprochen – zwischen den Extremen von Krieg und Frieden bewegt".
(Die unheilige Allianz, München 1979, S.11)

Auffällig ist immerhin der relativ geringe zeitliche Abstand, in dem bereits erste Studien zu diesem Komplex vorlagen: H. Diwalds Band von 1970 etwa mit dem sprechenden Titel „Die Anerkennung. Bericht zur Klage der Nation" (München/Esslingen) oder die Arbeiten von B. Meissner, dazu G. Schmid (Die Deutschlandpolitik der Regierung Brandt/Scheel, München 1975) bzw. die Erörterungen Cramers und Hackers zum Grundvertrag (D. Cramer, Deutschland nach dem Grundvertrag, Stuttgart 1973; J. Hakker, Deutsche unter sich, Stuttgart 1977). Als eine der neuesten Darstellungen ließe sich noch das Buch B. Zündorfs hervorheben, wobei vielleicht anzumerken wäre, daß seine Bilanz der durch die Ostverträge geförderten Entspannungspolitik im Gegensatz zu Hillgruber z. B. positiv ausfällt.

Aktuelle politische Konstellationen spiegeln sich wiederum in dem gesteigerten Forschungsinteresse, das der innenpolitischen Entwicklung der DDR gilt. Der Beginn dieses Prozesses stand allerdings weitgehend im Zeichen ideologischer Zielsetzungen:

„Was man lange Zeit nur als ‚Phänomen' zu begreifen wußte, wurde dadurch – unbestimmt genug – eher zum Objekt von Spekulation und moralischer Entrüstung als zum Gegenstand emotionsfreier Analyse. Das Postulat der Nichtanerkennung wurde nicht selten auf empirisch faßbare Daten ausgedehnt, deren Registrierung als formalistischer Positivismus abgetan wurde. Die DDR war lange Zeit ‚ein Staat, der nicht sein darf' (Richert), sie wurde daher vorwiegend in Kategorien der Freund-Feind-Orientierung durch pauschalierende Disqualifikation dingfest gemacht und erfüllte darin für unsere Gesellschaft zuerst eine Funktion der innenpolitischen Selbstbestätigung." (R. Thomas, Modell DDR, München/Wien ⁶1977, S. 7)

Diese Phase des historiographischen kalten Krieges ist seit der Normalisierung der Beziehungen zwischen beiden deutschen Staaten allerdings im wesentlichen vorüber, und es existiert heute eine ganze Anzahl von Gesamtdarstellungen und Einzeluntersuchungen, die den Ansprüchen kritisch-empirischer Forschung weitestgehend genügen. Aus der Fülle von Literatur sei hier in erster Linie auf das von P. Chr. Ludz herausgegebene „DDR-Handbuch" verwiesen, daneben auf die Arbeiten Richerts, den man in gewissem Sinne als Pionier bezeichnen könnte, sowie die Studien von W. Pfeiler, H. Rausch/Th. Stammen, K. Sontheimer/W. Bleek und H. Weber in den 70er Jahren (vgl. dazu das Literaturverzeichnis sowie die Angaben zu Kap. 12). Daß solche Wissenschaftstendenzen einer gewissen Wertfreiheit der Untersuchungen nicht überall auf (ungeteilte) Zustimmung stoßen, verdeutlicht eine Kontroverse im „Deutschland Archiv" (D. Herrmann, „Verunsicherte" DDR-Forschung, in: 1/1976, S. 28; J. Straßburger/H. Zimmermann, Parteilichkeit in der DDR-Forschung? Zu einem polemischen Beitrag von Detlef Herrmann, in: 3/1976, S. 252 ff.; vgl. dazu auch P. Chr. Ludz, Die DDR zwischen Ost und West. Von 1961 bis 1976, München 1977, S. 26 ff. – weitere Stellungnahmen zur Forschungssituation: W. Maibaum, Konzeptionen und Schwierigkeiten der DDR-Forschung, in: Politische Bildung 2/1972, S. 13 ff. oder P. Chr. Ludz, Die Zukunft der DDR-Forschung, in: Deutschland Archiv 5/1973, S. 488 ff.).

4. Spezifische Schwierigkeiten ergeben sich bei diesem Thema aus der Tatsache, daß hier ein Abschnitt der *Zeit*geschichte behandelt wird. Da der Wert historischer Aussagen nicht zuletzt von der umfassenden Zugänglichkeit zu Quellen abhängt, müssen bei der Beurteilung der letzten Jahrzehnte zwangsläufig Abstriche gemacht werden. So sind die Sperrfristen für die Regierungsarchive natürlich noch nicht abgelaufen, was allerdings bei der relativ größeren Transparenz im westlichen Lager hinsichtlich ihrer Deutschlandpolitik der angesprochenen Jahre noch die wenigsten Schwierigkeiten bereitet. Problematischer ist die Tatsache, daß von östlicher Seite Insider-Informationen praktisch nicht zu erhalten sind, es sei denn von politischen Dissidenten. Spekulative Elemente gewinnen daher in der Historiographie eine zuweilen recht große Bedeutung. So sind insbesondere über die sowjetischen Deutschlandpläne unter Stalin z. B. allenfalls mehr oder weniger abgesicherte Mutmaßungen möglich.

Hinzu kommt, daß die Voraussetzungen zu einer wie auch immer zu definierenden Objektivität im Banne aktueller Gegebenheiten sicherlich keineswegs günstig sind. Die Frage nach dem leitenden Erkenntnisinteresse bei diesem Thema führt uns deshalb schon sehr bald ins Problemfeld ideologischer Parteilichkeit wie (partei-)politischer Konfrontation. Der jeweilige weltanschauliche Ansatz bestimmt nicht nur die Wertung des Geschehens, sondern birgt die Gefahr in sich, daß durch die Auswahl aus einer Überfülle von Ereignissen und Belegen mehr noch als bei der Beschreibung vergangener Jahrhunderte bereits auf der Ebene der Faktenvermittlung unzulässige Akzentsetzungen vorgenommen werden.

Daß zudem für uns Deutsche als unmittelbar Betroffene historische Aussagen noch eine zusätzliche politische und unter Umständen staatsrechtliche Bedeutung haben – man denke an die Diskussion im Zusammenhang mit dem Nationenproblem –, macht die Wertungspraxis nicht gerade leichter. Natürlich urteilt auch in Deutschland der marxistische Historiker anders als der bürgerliche, besonders wenn es um Phänomene geht wie: Gründung zweier deutscher Staaten, Nachkriegspolitik der Alliierten, „sozialistische Errungenschaften", Mauerbau oder Wiedervereinigungsbemühungen. Aber auch innerhalb des westlichen Lagers erschwert der geringe Zeitabstand einen Konsens in wesentlichen Fragen. So verrät denn die Stellung zur Adenauerschen Westpolitik, mehr noch zur Brandtschen Ostpolitik, nicht selten den (partei-)politischen Standpunkt, und ein Ereignis wie etwa die Afghanistan-Krise bietet für manchen den Anlaß zu einer Neubewertung der Entspannungspolitik.

5. So sehr man geneigt ist – gerade aus deutscher Warte –, den eigenen Anteil zu den Vorgängen nach 1945 ins Zentrum der Betrachtung zu rücken, sollte man sich ständig der beschränkten Einwirkungsmöglichkeiten der Geschlagenen zumindest in den ersten Jahren bewußt sein, wie überhaupt die deutsche Nachkriegsgeschichte nur im internationalen Rahmen angemessen erörtert werden kann. Auf der anderen Seite gingen bei einer monokausal-machtpolitischen Deutung, die das Schicksal der Deutschen lediglich als Funktion des Ost-West-Gegensatzes begriffe, sicherlich auch wesentliche Aspekte verloren. Selbst wenn man den Anteil, den deutsche Politiker z. B. an der Entwicklung des neuen Staatswesens im Westen hatten, niedriger einschätzt als etwa Merkl, so darf doch nicht der Eindruck entstehen, als habe sich alles gegen den erklärten Willen der Betroffenen vollzogen. Rothstein (Gab es eine Alternative?, in: Beil. zum Parlament B 20/69, S. 54) ist sicherlich zuzustimmen, der zur Situation 1948 formulierte:

„Man kann also sagen, daß den Deutschen die Spaltung Deutschlands durch die vorhandenen Umstände aufgezwungen worden ist. Es kann aber nicht behauptet werden, daß der von den Westmächten bei der Gründung der Bundesrepublik gesteckte Rahmen aufgezwungen worden wäre."

Und auch in den entscheidenden Jahren von 1949–55 gab es bei aller internationaler Zwangsläufigkeit zumindest bescheidene Gestaltungsmöglichkeiten. Die folgenden von H.-P. Schwarz (a. a. O., S. XXXIIf.) in seinem Vorwort aufgeworfenen Fragen sollten also bei der Beschäftigung mit diesem Zeitabschnitt immer wieder gestellt und vor allem als Probleme ernst genommen werden:

„War die Teilung das Ergebnis zielbewußter Politik oder das Resultat übermächtiger Zwangsläufigkeiten? Welche Rolle haben die Deutschen selbst im Spiel um ihre Zukunft gespielt? Waren sie nicht doch mehr als nur Komparsen in einem Stück, das von den Politikern, Diplomaten und Generalen der Besatzungsmächte inszeniert wurde? Wie kam es zur mehr oder weniger freiwilligen Einordnung der Westdeutschen und Berliner ins antirussische Lager? Stand den Deutschen wirklich nur *ein* Weg offen – der Weg vom Reich zur Bundesrepublik, die Entscheidung für Freiheit und Prosperität Westdeutschlands und Westberlins bei vorläufigem Verzicht auf die Einheit des Reiches? Weshalb sind alle Versuche, das besiegte Deutschland als Ganzes aus dem Kalten Krieg zwischen den Siegern herauszuhalten, ausnahmslos gescheitert?"

II. Didaktische Vorüberlegungen zur Konzeption der Stundenblätter „Deutschland nach 1945"

„Deutschland seit 1945" ist sicher kein Thema wie jedes andere im Geschichtsunterricht. Der unmittelbare Bezug zur aktuellen Situation des eigenen Volkes bietet didaktische Chancen wie Probleme. Während einerseits die relative Nähe zur politischen Gegenwart sicherlich motivationsfördernd wirkt, könnte andererseits gerade diese den Blick für eine unvoreingenommene Beurteilung der Problematik beeinträchtigen. Zumindest aber fällt es ausgesprochen schwer, von einer Fülle wichtig erscheinender, da uns noch betreffender Fakten zu abstrahieren und ausschließlich die großen Entwicklungslinien im Auge zu behalten. Stoffbegrenzung und Themenbeschränkung werden somit zur zuweilen kaum lösbar erscheinenden Aufgabe, die angesichts der wenigen zur Verfügung stehenden Unterrichtsstunden zusätzlich erschwert wird.

Die vorliegenden „Stundenblätter" tragen diesem, den pädagogischen Alltag bestimmenden Ärgernis eines ständigen Zeitmangels insofern Rechnung, als sie ein gedrängtes Programm der wichtigsten politischen Abläufe in Deutschland seit 1945 bieten, das bei einiger Anstrengung in 15 Stunden zu bewältigen sein dürfte. Dabei orientiert sich die Reihe an den Curricula der wichtigsten Bundesländer, ohne jedoch auf ein einzelnes völlig abgestellt zu sein.

In der ständig an den Erfordernissen der Zeitersparnis ausgerichteten Konzeption steht die sog. Deutsche Frage im Mittelpunkt, d.h. die Überlegungen und Ereignisse im Zusammenhang mit einem staatlichen und politischen Neubeginn des deutschen Volkes nach der Kapitulation am 8. Mai 1945. Bei dieser Schwerpunktsetzung werden zwangsläufig andere wichtige Probleme weitgehend an den Rand gedrängt oder völlig ausgelassen. So muß z. B. auf eine Dokumentationsfolge von Wahlen, Regierungen oder Ämtern ebenso verzichtet werden wie auf zahlreiche bedeutsame innenpolitische Ereignisse oder Tendenzen. Das Godesberger Programm, die „Spiegel"-Affäre, Bürgerinitiativen, Studentenbewegung und APO kommen allenfalls peripher zur Sprache, Terrorismus, (Atom-)Energiediskussion oder die Auswirkungen der 2. Weltwirtschaftskrise fallen der Begrenzung der Sequenz nach oben zum Opfer. All diese Themen verdienen eine selbständige Behandlung in einem Komplex, der sich vorwiegend den innenpolitischen Entwicklungen, den ökonomischen, sozialen und sozialpsychologischen Phänomenen in Deutschland zuwendet. Auf der anderen Seite war es auch nicht möglich, die vielfältigen internationalen Implikationen der Deutschen Frage ausführlicher, als es hier geschehen ist, zu erörtern. Auch dieses Thema müßte in einer eigenen Reihe behandelt werden, deren Schwerpunkte „kalter Krieg" und „Entspannungspolitik" wären. So ergibt sich folgende Gliederung der Unterrichtsreihe:

In der ersten Stunde („Die Stunde Null") geht es vor allem um einen (emotionalen) Einstieg in das Thema. Das Besondere der Katastrophe von 1945 soll herausgearbeitet werden. Als Ausgangspunkt für das weitere Deutschland-Schicksal folgt in der zweiten Stunde die Besprechung des Potsdamer Abkommens. Die dritte Stunde stellt die Besatzungspolitik in den vier Zonen als Ergebnis verschiedener Deutschland-Konzeptionen der Sieger dar. Stunde 4 behandelt die innenpolitischen Maßnahmen und Ereignisse, durch welche die Sowjetzone zur Volksde-

mokratie wurde. Die 5. Stunde wendet sich den drei anderen Besatzungszonen zu und skizziert deren wichtigste Etappen auf dem Weg zum Weststaat. Die mehr oder weniger parallelen Abläufe bis zur jeweiligen Staatsgründung unter westlichem bzw. östlichem Dominat sind Gegenstand der 6. Stunde. Dem schließen sich zwei Stunden an, in denen die öffentlich-rechtlichen bzw. parteiprogrammatischen Grundlagen der Bundesrepublik erörtert werden („Das Grundgesetz", „Parteien in Westdeutschland"). Die 9. und 10. Stunde rückt Adenauers Außen- und Deutschlandpolitik in den Blickpunkt. Behandelt werden die wichtigsten Westabkommen sowie deren innen- und ostpolitische Konsequenzen. Die im Zusammenhang miteinander stehende Wiedervereinigungs- und Aufrüstungsproblematik soll in ihrer kontroversen (partei-)politischen Beurteilung sichtbar gemacht und diskutiert werden. In Stunde 11 beschäftigen sich die Schüler mit den hauptsächlichen Stationen im Verhältnis der beiden Staaten zueinander. Die 12. Stunde gilt einer globalen Gegenüberstellung sozialer und ökonomischer Entwicklungen in der Bundesrepublik und der DDR. Die Problematik Berlins in zusammenfassender Sicht ist Gegenstand der 13. Stunde. Ausgangspunkt ist dabei das Londoner Protokoll, Endpunkt das Viermächteabkommen von 1971. Die beiden abschließenden Stunden sind der neuesten Entwicklung im innerdeutschen und im Ost-West-Verhältnis gewidmet, die vor allem durch den Moskauer und den Grundlagenvertrag bestimmt wurde. Dabei behandelt die 14. Stunde die neue Ostpolitik der Regierung Brandt/Scheel, während die letzte Stunde die aktuelle Problematik der nationalen Identität der Deutschen aufgreift:
„Zwei Staaten – eine Nation (?)."

Was die Form dieser „Stundenblätter" betrifft, so stellen sie den Versuch dar, dem Bedürfnis nach zusammenfassender Information und Strukturierung eines umfangreichen Stoffes gerecht zu werden, ohne den Lehrer allzusehr zu gängeln. Indem sie eine in ihrer Reihenfolge festgelegte Unterrichtssequenz mit ganz bestimmten Inhalten, Unterrichtsschritten, Leitfragen oder Impulsen, Materialvorschlägen und Hausaufgaben vorlegen, bieten sie Hilfen für eine schnelle Orientierung im Unterrichtsalltag. Indem sie jedoch auf Alternativen verweisen – im methodischen wie im stofflichen Bereich –, gewähren sie dem Pädagogen den nötigen Freiraum, um einen übermäßig determinierten Unterrichtsverlauf zu vermeiden. An dieser Stelle sei vermerkt, daß der Hinweis auf Alternativen, Ergänzungen oder Erweiterungen jeweils kursiv gesetzt ist.
Da die Curricula der einzelnen Bundesländer z.T. erheblich differieren, wird es ohnehin erforderlich sein, die Sequenz gelegentlich „baustein"artig zu verwenden. Je nach den Voraussetzungen, die durch bisherigen Geschichtsunterricht oder parallele Stofferarbeitung in anderen Disziplinen (Sozialkunde, Geographie) gelegt sind, ergibt sich auch die Möglichkeit, einzelne Stunden – z.B. 8, 12, 13, u.U. sogar 7 – ganz zu überspringen.

Die in den Stundenentwürfen enthaltenen knappen Rekapitulationen des Stoffs sind nicht so sehr als (vermittelnde) Stellungnahmen in einer – z.T. kontrovers geführten – Forschungsdiskussion, sondern in erster Linie als pädagogische Akzentsetzungen zu verstehen. Dies macht schon die Stoffauswahl kenntlich. Daß sich hier durchaus andere Strukturierungen denken ließen, versteht sich von selbst, wiewohl auch die Tatsache, daß sich aus einer Stunde leicht zwei oder drei machen lassen, je nachdem, wie viele der (Zusatz-)Vorschläge aufgegriffen bzw. wie ausführlich die angeführten Lernziele behandelt werden sollen.
Dabei kam es zunächst einmal darauf an, im Rahmen eines festgelegten knappen Stundensolls möglichst ausgiebige und somit

zwangsläufig gedrängte Unterrichtsinhalte vorzuschlagen. Daß das jeweilige „Maximalprogramm" sicher nicht in allen Stunden und in jedem Kurs zu erreichen ist, mußte in Kauf genommen werden zugunsten einer größeren Vielfalt der Stundenvorschläge. Dies sollte grundsätzlich bedacht werden, woraus sich für den Lehrer bei der Vorbereitung der simple, aber effektive und nicht zu übergehende Ratschlag ergibt, immer wieder Teile wegzulassen. Dies gilt gleichermaßen für einzelne Unterrichtsschritte, Teile von Tafelbildern oder (zusätzliche) Quellenauswertungen, die dort, wo es nur um Illustration eines Grundgedankens geht, zuweilen auch durch bloße Lektüre einer evtl. gekürzten Passage oder durch Lehrervortrag ersetzt werden können.

In diesem Zusammenhang bedarf der Quelleneinsatz einiger zusätzlicher Überlegungen. Leidet bereits die moderne Geschichtswissenschaft an einer Überfülle von Dokumenten, die zuweilen die historische Wahrheitsfindung bzw. Darstellung eher zu beeinträchtigen denn zu fördern scheint, so stellt sich diese Problematik in der Schule unter didaktischen Gesichtspunkten mit besonderer Schärfe. Zwar greift auch die vorliegende Unterrichtsreihe auf eine große Anzahl von Quellen zurück, deren Auswertung wichtige inhaltliche wie methodische Kenntnisse vermittelt, doch sollte man sich auch in der Oberstufe hüten, die Schüler mit allzu vielen Einzelaspekte betonenden Texten zu behelligen. Viele der angegebenen Quellen sind somit in besonderem Maße als Alternativen oder auch als u. U. auszuschlagende Angebote zu verstehen. Es hängt von der Aufnahmefähigkeit des jeweiligen Kurses ab, wieviel man den Schülern diesbezüglich zumuten kann.

Statt dessen ist größtmögliche Variabilität der Methode anzustreben, wobei nicht zuletzt der Diskussion, aber auch der Gruppen- und Partnerarbeit breiter Raum gewährt werden muß. Auch sollten immer wieder Schülerreferate in den Unterricht eingeplant werden. Einzelne Vorschläge sind in den Kapiteln 3, 4, 8, 11 und 12 gemacht worden, doch läßt sich der Themenkatalog – je nach Bereitschaft und Begabung des jeweiligen Kurses – sicherlich noch ausdehnen. Die Referate sollten dabei am besten bereits zu Beginn der Unterrichtssequenz vergeben werden, zumal deren Erarbeitung in der Regel eine Rücksprache mit dem Lehrer erforderlich macht.

Besondere Bedeutung sollte gerade bei diesem Thema dem Film zugemessen werden. Für Jahrtausende fehlt dem Geschichtsunterricht weitgehend die Möglichkeit optischer Veranschaulichung. Wo sie nun einmal gegeben ist, wie im Fall der unmittelbaren Zeitgeschichte, sollte man sie – nach Maßgabe des Lehrprogramms – ausgiebig nutzen. Weitere Vorschläge für den Filmeinsatz in: Info 168, S. 32; 181, S. 40.

Zu den einzelnen Stunden wird jeweils auf dem eigentlichen Stundenblatt eine – das Wesentliche zusammenfassende – Strukturskizze angeboten. Durch entsprechende Kürzungen lassen sich daraus unschwer Tafelbilder oder Folien entwickeln. Die erforderlichen Verknappungen sind bereits mitbedacht und konzeptionell erwünscht. Kapitel 2 („Potsdamer Konferenz") mag hier als Beispiel dienen. Die gesamte dreispaltige Strukturierungshilfe erfüllt hier nicht nur die Funktion eines übersichtlichen Konzepts, sondern eignet sich auch bei einer Wiederholung z. B. von Schwerpunktthemen vor dem Abitur. Als Tafelbild jedoch muß eine drastische Reduzierung erfolgen, die in diesem Fall durch Auslassen der linken Spalte und weitere Kürzungen vorgenommen wird. Da diese Strukurskizzen also ein wichtiges Hilfsmittel zur schnellen Rekapitulation des Stoffes darstellen, wird empfohlen, sie gegebenenfalls den Schülern hektographiert als Stundenzusammenfassung auszugeben, nachdem man sie – entsprechend dem individuellen Stundenverlauf – modifiziert hat. Bei den aufgeführten Dokumenten wurde in der Regel nicht auf die Originalquellensammlungen zurückgegriffen, da diese dem Lehrer nur selten zur Verfügung stehen. Vielmehr wurden meist gängige Textsammlungen oder Lehrbücher zugrunde gelegt. Das gleiche gilt für die Auswahl der zu interpretierenden Quellen. Auch hier war die leichte Zugänglichkeit oberstes Prinzip.

III. Literaturverzeichnis

1. Fachwissenschaftliche Literatur

(Aus der Fülle der Darstellungen und Quellensammlungen werden nur übergreifende oder für die jeweilige Problematik grundlegende Werke zitiert, deren Verwertung für den Unterricht besonders ergiebig ist. Weiterführende spezielle Literaturangaben sind den einzelnen Kapiteln bzw. den Bibliographien der genannten Arbeiten zu entnehmen.)

Adenauer, K., Erinnerungen, 4 Bde., Stuttgart 1965–68

Adenauer-Studien, hg. v. R. Morsey/K. Repgen, Band I–III, Veröffentlichung der Kommission für Zeitgeschichte, Mainz 1971–1974

Die Ära Adenauer. Einsichten und Ausblicke, Frankfurt/M. 1964

Badstübner, R./Thomas, S., Die Spaltung Deutschlands 1945 bis 1949, Berlin/Ost 1966

Baring, A., Außenpolitik in Adenauers Kanzlerdemokratie, München/Wien 1969

Besson, W., Die Außenpolitik der Bundesrepublik. Erfahrungen und Maßstäbe, München 1970

Binder, G., Deutschland seit 1945. Eine dokumentierte gesamtdeutsche Geschichte in der Zeit der Teilung, Stuttgart 1969

Bundesministerium für innerdeutsche Beziehungen, Die Entwicklung der Beziehungen zwischen der Bundesrepublik Deutschland und der Deutschen Demokratischen Republik 1969–1976. Bonn 1977

dass., Texte zur Deutschlandpolitik, Bd. 1–12, Bonn 1967–73

dass., Zahlenspiegel Bundesrepublik Deutschland / Deutsche Demokratische Republik. Ein Vergleich, Bonn 1978

Clay, L. D., Entscheidung in Deutschland, Frankfurt/M. 1950

Cornides, W., Die Weltmächte und Deutschland. Geschichte der jüngsten Vergangenheit 1945–1955, Tübingen ³1964

DDR Handbuch, wiss. Ltg. P. Chr. Ludz/J. Kuppe, hg. v. Bundesministerium für innerdeutsche Beziehungen, Köln 1975

DDR-Wirtschaft – eine Bestandsaufnahme, Frankfurt/M., 1971

Deuerlein, E., Deutschland nach dem Zweiten Weltkrieg 1945–1955 (Brandt-Meyer-Just, Handbuch der deutschen Geschichte, Band IV b), Konstanz 1964

ders., Die Erörterungen und Entscheidungen der Kriegs- und Nachkriegskonferenzen 1941–1949, Darstellung und Dokumente, Frankfurt/M./Berlin ²1961

Doernberg, St., Kurze Geschichte der DDR, Berlin/Ost ⁴1969

Ellwein, Th., Das Regierungssystem der Bundesrepublik Deutschland, Opladen 1973

End, H., Zweimal deutsche Außenpolitik. Internationale Dimensionen des innerdeutschen Konflikts 1949–1972, Köln 1973

Fromme, Fr. K., Von der Weimarer Verfassung zum Bonner Grundgesetz. Die verfassungspolitischen Folgerungen des Parlamentarischen Rates aus Weimarer Republik und nationalsozialistischer Diktatur, Tübingen 1960

Görtemaker, M., Die unheilige Allianz. Die Geschichte der Entspannungspolitik 1943–1979, München 1979

Gotto, K./Maier, H./Morsey, R./Schwarz, H.-P., Konrad Adenauer. Seine Deutschland- und Außenpolitik 1945 bis 1963, München 1976 (TB)

Grosser, A., Deutschlandbilanz. Geschichte Deutschlands seit 1945, München ⁴1972 (TB 1974)

Habel, F. P./Kistler, H., Entscheidungen in Deutschland 1949–1955, Bonn 1979

Heinemann, G., Verfehlte Deutschlandpolitik. Irreführung und Selbsttäuschung, Frankfurt/M. ²1969

Hillgruber, A., Deutsche Geschichte 1945–1972. Die „deutsche Frage" in der Weltpolitik (Deutsche Geschichte Band 9), Frankfurt/M. ²1978

Hohlfeld, J. (Hg.), Dokumente der Deutschen Politik und Geschichte von 1848 bis zur Gegenwart. Band VI: Deutschland nach dem Zusammenbruch 1945, Band VII–VIII: Das Ringen um Deutschlands Wiederaufstieg, Teil I: 1951–1952, Teil II: 1952–1954, Berlin o.J.

Huster, E.-U. u. a., Determinanten der westdeutschen Restauration 1945–1949, Frankfurt/M. ²1973

Koch, Th., Fünf Jahre der Entscheidung. Deutschland nach dem Kriege 1945–1949, Frankfurt/M. 1969

Krautkrämer, E., Deutsche Geschichte nach dem Zweiten Weltkrieg. Eine Darstellung der Entwicklung von 1945 bis 1949 mit Dokumenten, Stuttgart 1962

Kuczynski, J., So war es wirklich, Berlin/Ost 1969

Lampert, H., Die Wirtschafts- und Sozialordnung der Bundesrepublik Deutschland, München/Wien ⁶1978 (TB)

Lilge, H., Deutschland 1945–1963. Zeitgeschichte in Text und Quellen, Hannover 1967

Löwenthal, R./Schwarz, H.-P. (Hg.), Die zweite Republik. 25 Jahre Bundesrepublik Deutschland. Eine Bilanz, Stuttgart ²1974

Mehnert, K., Der deutsche Standort, Stuttgart 1967

Meissner, B., Die deutsche Ostpolitik 1961–1970. Kontinuität und Wandel, Köln 1970

Merkl, P. H., Die Entstehung der Bundesrepublik Deutschland, Stuttgart 1965

Münch, I. v., Dokumente des geteilten Deutschland. Quellentexte zur Rechtslage des Deutschen Reiches, der Bundesrepublik Deutschland und der Deutschen Demokratischen Republik. 2 Bde., Stuttgart 1968/1974 (TB)

Niclauß, K., Demokratiegründung in Westdeutschland. Die Entstehung der Bundesrepublik von 1945–1949, München 1974

Noack, P., Die deutsche Nachkriegszeit, München/Wien ²1973 (TB)

Nolte, E., Deutschland und der Kalte Krieg, München 1974

Reichelt, P., Deutsche Chronik 1945 bis 1970. Daten und Fakten aus beiden Teilen Deutschlands. I. Band: 1945–1957, Freudenstadt 1970

Richert, E., Das zweite Deutschland. Ein Staat, der nicht sein darf, Gütersloh 1964

Schieder, Th. (Hg.), Europa im Zeitalter der Weltmächte; Band 2 (Handbuch der Europäischen Geschichte Band 7.2), Stuttgart 1979

Schmidt, E., Die verhinderte Neuordnung, Frankfurt/M. 1970

Schubert, K. v., Wiederbewaffnung und Westintegration. Die innere Auseinandersetzung um die militärische und außenpolitische Orientierung der Bundesrepublik 1950–1952, Stuttgart 1970

Schuster, R., Deutschlands staatliche Existenz im Widerstreit rechtlicher und politischer Gesichtspunkte 1945–1963, München 1963

Schwarz, H.-P. (Hg.), Handbuch der deutschen Außenpolitik, München 1975

ders., Vom Reich zur Bundesrepublik. Deutschland im Widerstreit der außenpolitischen Konzeptionen in den Jahren der Besatzungsherrschaft 1945–1949, Neuwied 1966

Sethe, P., Zwischen Bonn und Moskau, Frankfurt/M. 1957

ders., Öffnung nach Osten, Frankfurt/M. 1966

Sontheimer, K./Bleck, W., Die DDR-Politik, Gesellschaft, Wirtschaft, Hamburg ⁵1979

Stammen, Th. (Hg.), Einigkeit und Recht und Freiheit. Westdeutsche Innenpolitik 1945–1955, München 1965 (TB)

Thilenius, R., Die Teilung Deutschlands, Hamburg 1975 (TB)

Thomas, R., Modell DDR. Die kalkulierte Emanzipation, München ⁶1978

Vilmar, F., Strategien der Demokratisierung. 2 Bde., Darmstadt/Neuwied 1973

Vogelsang, T., Das geteilte Deutschland. (dtv-Weltgeschichte des 20. Jahrhunderts, Bd. 11), München ⁷1976 (TB)

Wagner, W., Europa zwischen Aufbruch und Restauration. Die europäische Staatenwelt seit 1945, München 1968 (TB)

Wettig, G., Entmilitarisierung und Wiederbewaffnung Deutschlands, München 1967

Westdeutschlands Weg zur Bundesrepublik 1945–1949. Beiträge von Mitarbeitern des Instituts für Zeitgeschichte, München 1976

Zündorf, B., Die Ostverträge, München 1979

2. Literatur zur Unterrichtspraxis / Unterrichtsmodelle

Behr, W., Grundlagen der Politik in der Bundesrepublik Deutschland und in der DDR. Ein Systemvergleich, in: Beilage zum Parlament, B 9/78 vom 3.3.1978

Böger, K./Kremendahl, H., Bundesrepublik Deutschland – Deutsche Demokratische Republik – Vergleich der politischen Systeme. Unterrichtsmodell für die Sekundarstufe 2. Didaktischer Teil, Stuttgart (Metzler) 1979

Deutscher Bundestag. Presse- und Informationszentrum (Hg.), Die Deutsche Frage in der politischen Bildung (Zur Sache 78/2), Bonn 1978

Freiwald, H. u. a., Das Deutschlandproblem in Schulbüchern der Bundesrepublik, Düsseldorf (Bertelsmann) 1973

Heidt, G., Didaktische Überlegungen und Materialien zur Deutschlandpolitik 1949–1955, in: Politische Didaktik 1977, 2, S. 23–37

Kosthorst, E./Teppe, K., Die Teilung Deutschlands und die Entstehung zweier deutscher Staaten. Lehrerheft, Paderborn (Schöningh) 1976

Landeszentrale für politische Bildung Baden-Württemberg (Hg.), Sicherheitspolitik, Lehr- und Lernhilfen für den gesamten Sekundarbereich, Politik und Unterricht 1977/1

dies., Deutschlandpolitik, Handreichungen und Unterrichtsmodell, Politik und Unterricht 1975/2

dies., Maier, G., Die Deutsche Frage. Sieben Bausteine für den Unterricht im Sekundarbereich I und II, Politik und Unterricht, Sonderheft Mai 1980

Lessing, C./Fischer, K. G. (Hg.), Überlegungen zu Stellenwert und Darstellung der Deutschen Frage im politischen Unterricht, Stuttgart (Metzler) 1977

Loch, W./Hoffmann, A., Die deutsche Nachkriegsgeschichte (Geschichte in Unterrichtsmodellen Band 9), Limburg (Frankonius) 1979

Ständige Konferenz der Kultusminister, Sekretariat (Hg.), Die Deutsche Frage im Unterricht, Neuwied/Berlin (Luchterhand) 1979

Uffelmann, U., Internationale Politik und Deutsche Frage 1945–1947, Düsseldorf (Schwann) 1976

3. Lehrbücher und Materialsammlungen für die Schüler

Bodensieck, H., Der Kalte Krieg. Weltpolitik 1949–1962, Stuttgart (Klett) ³1977
ders., Deutschland-Politik der Bundesrepublik Deutschland, Stuttgart (Klett) ³1978
ders., Die Deutsche Frage nach dem Zweiten Weltkrieg, Stuttgart (Klett) ³1979
Boeck, W., Deutschland. Zwei Staaten, zwei Systeme, Freiburg/Würzburg (Ploetz) ³1979
Böger, K./Kremendahl, H., Bundesrepublik Deutschland – Deutsche Demokratische Republik: Vergleich der politischen Systeme. Materialien- und Tabellenteil, Stuttgart (Metzler) 1979
Bundesministerium für innerdeutsche Beziehungen (Hg.), Zahlenspiegel. Bundesrepublik Deutschland / Deutsche Demokratische Republik. Ein Vergleich, Bonn 1978
Bundeszentrale für politische Bildung (Hg.), Informationen zur politischen Bildung:
Nr. 157/1974: Die Entstehung der Bundesrepublik Deutschland.
Nr. 165/1975: Demokratie–Rechtsstaat–Sozialstaat. Strukturprinzipien der deutschen Demokratie.
Nr. 168/1976: Die Bundesrepublik Deutschland 1949–1955.
Nr. 176/1978: Die Bundesrepublik Deutschland 1955–1966.
Nr. 181/1979: Berlin.
Fragen an die Geschichte, hg. von H. D. Schmid, Bd. 4, Frankfurt/M. (Hirschgraben) ²1979
Grundriß der Geschichte, hg. von J. Dittrich/E. Dittrich – Gallmeister u. a., Bd. 2, Stuttgart (Klett) ³1978
Grundzüge der Geschichte, Quellenband 2, hg. von H. Meyer/W. Langenbeck, Frankfurt/M. (Diesterweg) ⁷1975
Grünert, H./Siegert, E. P., Die DDR. Staat, Gesellschaft und Wirtschaft (Materialien zur Gemeinschaftskunde), Frankfurt/M. (Diesterweg) 1969, ⁸1976
Habel, F. P./Kistler, H., Entscheidungen in Deutschland 1949–1955. Die Kontroversen um die außen-, deutschland-, wirtschaftspolitische Orientierung der Bundesrepublik Deutschland. (Reihe „Kontrovers"), hg. von der Bundeszentrale für politische Bildung, Bonn 1977
Hartwig K./Stoll K. H., Die Bundesrepublik Deutschland, Bd. 2, Frankfurt/M. (Diesterweg) ⁴1977
Haseloff, W., Die Einigung Europas, Frankfurt/M. (Diesterweg) ³1979
Kosthorst, E./Teppe, K., Die Teilung Deutschlands und die Entstehung zweier deutscher Staaten. Materialheft und Arbeitsheft, Paderborn (Schöningh) 1976
Krautkrämer, E., Die Bundesrepublik Deutschland, Bd. 1, Frankfurt/M. (Diesterweg) ²1975
Mickel, W. W., Europäische Einigungspolitik, 2 Bde. (Bd. 1: did. Aufriß, Bd. 2: Quellen), Luchterhand Arbeitsmittel, Neuwied/Berlin 1974
Politik im 20. Jahrhundert, hg. von Hartwich u. a., Braunschweig (Westermann) ⁴1974
Politik und Gesellschaft, hg. von Wanda Kampmann/B. Wiegand, Bd. 2, Frankfurt/M. (Hirschgraben) ⁹1978
Politische Weltkunde, II. Europa und Deutschland nach dem 2. Weltkrieg, hg. von J. Rohlfes/E. Schwalm, Stuttgart (Klett) ⁵1979 (Dazu: Handreichungen)
Reichert, W., Die Deutsche Frage, Freiburg/Würzburg (Ploetz) ⁵1979
Thurich, E./Endlich, H., Zweimal Deutschland. Ein Lehrbuch für Politik und Zeitgeschichte, Frankfurt/M. (Diesterweg) ²1979
Wallert, W., Weltmacht USA in ihrer Bedeutung für die Bundesrepublik heute, Hannover (Schroedel) 1978
Wandel der westdeutschen Ostpolitik. Politische Bildung – Materialien 71/2, Stuttgart (Klett) 1971

Welt der Politik, hg. von H. Ritscher, Frankfurt/M. (Diesterweg) ²1975, Bd. 2

Zeiten und Menschen, G 2, hg. von H. Tenbrock/K. Kluxen/H. E. Stier u. a., Hannover 1970 (Schöningh-Schroedel)

4. Medien

Hier werden nur die in den „Stundenblättern" erwähnten Medien aufgeführt. Zu weiteren Empfehlungen vgl. die Kataloge der Landesbildstellen, Landesfilmdienste, Landeszentralen für politische Bildung bzw. die Angaben in: Info 168, S. 32; 176, S. 40; 181, S. 40.

Schallplatte:

Bundesrepublik Deutschland 1949–1974, hg. v. K. O. v. Aretin/F. Kallenberg, Freiburg i. B. 1976

Filme:

Deutschland nach dem Kriege (Th. Koch, 1969):
Teil 1: Die Stunde Null (64 Min.)
Teil 2: Neubeginn und Teilung (70 Min.)
Deutschland nach der Kapitulation 1945 (1958, 15 Min. – 320519)
Deutschland 1947–1949 (1958, 15 Min. – 320520)
Berlin 1945–70 (1970, 29 Min.)
Die Praxis der Berlin-Regelung (1976, 26 Min.)
Berlin-Regelung (1972, 22 Min.)

IV. Abkürzungsverzeichnis

(Die ausführliche Titelangabe ist im Literaturverzeichnis enthalten. Wo eine andere als die hier angeführte Auflage verwendet wurde, ist dies ausdrücklich vermerkt.)

Bodensieck I	=	Bodensieck, H., Die Deutsche Frage nach dem Zweiten Weltkrieg, ^{3}1979
Bodensieck II	=	ders., Deutschland-Politik der Bundesrepublik Deutschland, ^{3}1978
Bodensieck III	=	ders., Der Kalte Krieg, ^{3}1977
Boeck	=	Boeck, W., Deutschland. Zwei Staaten, zwei Systeme, ^{3}1979
DDR-Handbuch	=	DDR Handbuch, hg. v. Bundesministerium für innerdeutsche Beziehungen, 1975
FaG	=	Fragen an die Geschichte, Bd. 4, ^{2}1979
GdG	=	Grundzüge der Geschichte, Quellenband 2, ^{7}1975
Grundriß	=	Grundriß der Geschichte, Bd. 2, ^{3}1978
G	=	Arbeitsgruppe
G./S.	=	Grünert/Siegert, Die DDR. Staat, Gesellschaft und Wirtschaft, ^{8}1976
H./K.	=	Habel/Kistler, Entscheidungen in Deutschland 1949–1955, 1977
Info	=	Informationen zur politischen Bildung, hg. v. d. Bundeszentrale für politische Bildung
K./T.-A	=	Kosthorst/Teppe, Die Teilung Deutschlands und die Entstehung zweier deutscher Staaten, 1976 Arbeitsheft
K./T.-L	=	do. Lehrerheft
K./T.-M	=	do. Materialheft
Krautkrämer	=	Krautkrämer, E., Die Bundesrepublik Deutschland, ^{2}1975
PuG	=	Politik und Gesellschaft, Bd. 2, ^{9}1978
PW	=	Politische Weltkunde, II. Europa und Deutschland nach dem 2. Weltkrieg, ^{5}1979
Reichert	=	Reichert, W., Die Deutsche Frage, ^{5}1979
Stammen	=	Stammen, Th. (Hg.), Einigkeit und Recht und Freiheit, 1965 (TB)
TB	=	Taschenbuch
Vogelsang	=	Vogelsang, T., Das geteilte Deutschland, ^{7}1976 (TB)
WdP	=	Welt der Politik, Bd. 2, ^{2}1975
ZuM	=	Zeiten und Menschen, G 2, 1970
Zweimal	=	Thurich/Endlich, Zweimal Deutschland, ^{2}1979

V. Beschreibung der Einzelstunden

1. Stunde:
Die „Stunde Null"

Zur didaktischen Funktion

Gegenstand der ersten Stunde sind die bedrückenden politischen, ökonomischen und menschlichen Verhältnisse in Deutschland unmittelbar nach der Kapitulation von 1945. Des weiteren sollen sich die Schüler über den besonderen Charakter dieser Niederlage klar werden, indem sie Vergleiche mit anderen politischen wie militärischen Katastrophen deutscher Geschichte anstellen. Trotz der sehr knappen Zeit, die für diese Unterrichtsreihe zur Verfügung steht, wird in der ersten Stunde bewußt darauf verzichtet, ein Pensum im engeren Sinne (etwa die Abmachungen von Jalta oder Teheran) zu bewältigen. Auch sind die Lernziele bzw. -inhalte so wenig wie möglich reglementierend zu vermitteln und nicht etwa an einem Tafelbild zu explizieren. Statt dessen mögen die – sicherlich bei einzelnen vorhandenen, durch den Lehrer zu ergänzenden – Vorkenntnisse sowie allgemein historisch-analytische Überlegungen zum Tragen kommen. Es geht hier vornehmlich um eine Einstimmung der Schüler auf den Gegenstand der gesamten Unterrichtseinheit.

Die Spekulation auf „Einfühlung" des Schülers, auf ein affektives Engagement ist dabei weder Selbstzweck, noch zielt sie auf eine unkritische oder gar antirationale Haltung. Im Gegenteil: Indem der einzelne sich – soweit dies aus der Distanz von heute überhaupt noch möglich ist – in die Lage der Generation(en) vor ihm versetzt, schafft er eigentlich erst die Basis rationaler Analyse.

Erst wer auch nur eine ungefähre Vorstellung von den katastrophalen Versorgungsbedingungen der Zeit zwischen 1945 und 49 oder dem psychologischen Dilemma der Besiegten hat, wird z. B. die Attraktivität einer schnellen Westorientierung oder die schwerwiegenden Bedenken starker Gruppen gegen die freie Marktwirtschaft verstehen. Ohne solche Kenntnisse enden entsprechende Werturteile nicht selten in den Sackgassen einer politisch-historischen Besserwisserei.

Das Thema läßt sich auf vielfältige Weise behandeln bzw. einführen. Wenn mit dem Fach Deutsch kooperiert werden kann, bieten sich als Einstieg belletristische Texte von Autoren wie Borchert, Eich, Anna Seghers, Kasack, Zuckmayer oder Andersch an. Ansonsten könnten auch Situationsberichte von Zeitgenossen, Recherchen in der Ortschronik oder der nächsten Zeitungsredaktion geeignetes Material zutage fördern. Wo immer sich Gelegenheit zum Filmeinsatz findet, sollte diese genützt werden. Denn gerade um das Ausmaß der Zerstörung und Depression sichtbar zu machen, leistet dieses suggestive Medium sicherlich am meisten, zumal mit Thilo Kochs NDR-Film „Deutschland nach dem Kriege" (Teil 1: „Die Stunde Null" / Teil 2: „Neubeginn und Teilung", 64 und 70 Min.) ein für die genannten Zwecke recht geeignetes Werk zur Verfügung steht:

„Thilo Koch stellt in seiner Vorbemerkung zum Film zunächst fest, daß die Folgen des verlorenen Krieges, des Zusammenbruchs und der bedingungslosen Kapitulation noch allgegenwärtig sind. Wer den Verlust der nationalen Identität und die deutsche Frage, wie sie sich uns heute darstellt, begreifen wolle, der müsse wissen, was sich im Jahre 1945 ereignet hat.

In seiner Darstellung des geschichtlichen Ablaufs vom Zusammenbruch 1945 bis zu den Gesamtberliner Wahlen 1947 referiert Thilo Koch nicht einfach historische Daten, Fakten und Abläufe. Er versucht, zu interpretieren und Zusammenhänge aufzuzeigen. Er zeigt, wie sehr zu jener Zeit das deutsche Volk, seiner politischen Handlungsfähigkeit beraubt, alle Kraft auf den Versuch des bloßen physischen Überlebens verwenden mußte. Das ständig wiederkehrende, als Zäsur in die Darstellung der einzelnen Abschnitte eingeschobene Motiv der Trümmerfrauen verdeutlicht das recht sinnfällig.

Inhalt: Das geschlagene Deutschland (Berlin 1945, Amerikaner und Russen an der Elbe, Siegesparade der Alliierten, Morgenthau-Plan, Zusammenbruch der Verwaltung) – Alliierte Nachkriegspläne (Teheran, Jalta, Potsdam – alliierter Kontrollrat) – Menschen unterwegs (Kriegsgefangene, Vertreibung, Notaufnahmelager, Displaced Persons) – Konzentrationslager, Kollektivschuld, Kriegsverbrecherprozeß, Entnazifizierung – Das Leben kommt langsam in Gang (Öffnung der Schulen, Lebensmittelhilfe, Kinderlandverschickung, Hungersnot, Anfänge von Sport und Theater, Schwarzmarkt und Rationierung) – Scheitern einer gemeinsamen alliierten Deutschlandpolitik – Die Gruppe Ulbricht – Anfänge des Zeitungswesens – Parteigründungen, Gemeindewahlen, Landtagswahlen in der Sowjetischen Besatzungszone, Gesamtberliner Wahlen 1947.

Im zweiten Teil dieser Dokumentation zeichnet Thilo Koch die deutsche Geschichte von Ende 1947 bis zur Konstituierung des Deutschen Bundestages 1949 nach. Leitmotiv ist der unaufhörliche Flüchtlingsstrom aus dem Osten.

Inhalt: Auffanglager an der Zonengrenze – Not und Elend in den zerstörten Städten – Zerstörte Verkehrswege – Demontagen – Ein Volk auf Achse – Otto Normalverbraucher – Kultureller Neubeginn – Tauschhandel, Schwarzer Markt und Währungsreform – Berliner Blockade und Luftbrücke – Flüchtlingsschicksale in Notaufnahmelagern – Kriegsgefangene kehren heim – Erste Bundestagswahl – Konstituierung des Bundestags – Theodor Heuss zum Bundespräsidenten, Konrad Adenauer zum Bundeskanzler gewählt – Besatzungsstatut – Fazit viereinhalb Jahre nach dem Krieg." (Katalog des Landesfilmdiensts für Jugend- und Erwachsenenbildung Saarland, Saarbrücken 1980, S. 52)

Selbst wo aus Zeitgründen auch der erste Teil nicht ganz gezeigt werden kann und man sich mit einem 15- bis 25minütigen Filmeinsatz begnügen möchte, ist es besser, nur einen Teil dieses Films zu zeigen als auf kürzere andere Streifen auszuweichen (Alternativen wären z. B.: „Deutschland nach der Kapitulation 1945" / „Deutschland 1947–1949", je 15 Min.). Denn gerade der Beginn des Kochschen Films ist in seiner unsentimentalen, aber eindrucksvollen, dabei ständig motivierenden Dokumentation – so werden z. B. die antideutschen Gefühle der Sieger und nicht zuletzt die Haltung der SU als erklärbare Reaktionen vermittelt – den vorher oder nachher entstandenen Produktionen überlegen.

Die folgende Strukturierung der Stunde geht davon aus, daß – aus welchen Gründen auch immer – ein Filmeinsatz oder die Betrachtung literarischer bzw. journalistischer Texte nicht in Frage kommt. Es empfiehlt sich, die Schüler aufzufordern, zur Vorbereitung des Unterrichtsgesprächs Informationen über die unmittelbare Nachkriegszeit (z. B. durch Befragen älterer Verwandter und Bekannter) zu sammeln.

Ziele der Stunde

Die Schüler kennen
– Einzelheiten in bezug auf die Menschenverluste und Zerstörungen bis 1945,
– Wirtschafts- und Versorgungslage,
– Regierungs- und Verwaltungsprobleme,
– Situation von Flüchtlingen und Gefangenen,
– Verhaltensweise der Alliierten.

Die Schüler erkennen
– die Bedeutung der Begriffe „Stunde Null", „bedingungslose Kapitulation";
– im Vergleich mit anderen katastrophalen Niederlagen der deutschen Geschichte (30jähriger Krieg / Jena / Auerstedt / 1. Weltkrieg) das Spezifische der Kapitulation vom 8. Mai.

Die Schüler beurteilen
– die politischen Konsequenzen der deutschen Niederlage.

Verlaufsskizze

Unterrichtsschritt 1:
Der Begriff „Stunde Null"

Der Lehrer führt in die Situation des Jahres 1945 ein und stellt den Begriff der „Stunde Null" vor.
Die bedingungslose Kapitulation des Großdeutschen Reiches am 7./8. Mai 1945 hinterließ ein Deutschland, das in vielerlei Hinsicht zum Trümmerhaufen geworden war. Ein Volk hatte eine Niederlage empfangen, die seinem totalen Eroberungs- und Vernichtungswillen entsprach. Die deutschen Städte lagen in Schutt und Asche, große Teile der Bevölkerung waren getötet, verwundet, flüchtig oder obdachlos geworden. Wirtschaft und Infrastruktur waren zusammengebrochen; das Versorgungsproblem ließ eine Katastrophe ahnen. Ohne jegliche politische Repräsentanz, ohne geistigen oder moralischen Rückhalt sah sich das deutsche Volk der Gnade oder Ungnade von Siegermächten ausgesetzt, deren ethische Position selbst im triumphalen Überschwang noch als ungleich stärker empfunden wurde als die nachträglichen Demutsgesten oder (apologetischen) Selbstzerfleischungen der Noch-einmal-Davongekommenen. Was immer man im Nachherein über die trotz allem nicht völlig abgerissene Tradition herausfinden oder mutmaßen mochte, den Zeitgenossen schien sie mit einiger Berechtigung damals tatsächlich angebrochen zu sein: die „Stunde Null".
Dieses Schlagwort, so umstritten es in der Geschichtsschreibung sein mag (vgl. oben S. 7), sollte den Schülern als Einstiegsimpuls gegeben werden. Es ist versuchsweise zu definieren. Bei der Begriffsbestimmung geht es nicht darum, – z.T. erst zu erwerbendes – Fachwissen unter Beweis zu stellen, sondern vielmehr darum (auch durch Schülerspekulationen), den Rahmen abzustecken für eine Beurteilung der unmittelbaren Nachkriegszeit.

Unterrichtsschritt 2:
Situationsberichte aus der Nachkriegszeit

Im Bemühen, den Terminus „Stunde Null" mit konkretem historischen Inhalt zu füllen, werden die von den Schülern wiedergegebenen Situationsberichte herangezogen (Auswertung der Hausaufgabe). Um das Unterrichtsgespräch ein wenig zu strukturieren, bieten sich z.B. folgende Stichworte des Lehrers an:
– Menschenverluste und Zerstörungen
– Wirtschafts- und Versorgungslage
– Verkehrs- und Fernmeldeverhältnisse
– Regierungs- und Verwaltungsprobleme
– Situation von Flüchtlingen, Vertriebenen, Gefangenen etc.

Allerdings sollte man hier behutsam vorgehen, um die Spontaneität der Schüleräußerungen nicht zu beeinträchtigen, und nur eingreifen, wenn sich die Materialsammlung erschöpft hat.
Hier lassen sich dann auch Ergänzungen vornehmen und insbesondere einige charakteristische Zahlen und nicht erwähnte Fakten einflechten, wie etwa:
Von den 55 Mio. Toten des 2. Weltkrieges hatte Deutschland rund 7,8 Mio. zu beklagen, das waren 10% seiner Bevölkerung (dtv-Atlas II, S. 218; vgl. zu den Zerstörungen wie zur desolaten Flüchtlings- und Wirtschaftssituation: M. Balfour, Vier-Mächte-Kontrolle in Deutschland, Düsseldorf 1959, z.B. 17 ff., 181 ff., 194 ff.). Riesige Flüchtlingstrecks wälzten sich bereits während der letzten Kriegsmonate nach Westen. Aus den Gebieten jenseits der Oder/Neiße waren es 13,5 Mio. Deutsche; 2,1 Mio. kamen dabei ums Leben.
Durch die Vernichtung von 20% aller Wohnungen (2,25 Mio. total; 2,5 Mio. teilweise) waren 20 Mio. Menschen allein auf dem Ge-

biet der späteren Bundesrepublik ohne Obdach. Hinzu kamen Einquartierungen der Alliierten. 400 Mio. m³ Schutt lagen auf Deutschlands Straßen; Trümmerräumkolonnen waren ein alltägliches Bild. Insbesondere die Großstädte waren davon betroffen, was die folgende Statistik zerstörter Wohnungen erhellt:

Berlin	556 500	(31,9%)
Hamburg	295 654	(53,5%)
Köln	176 600	(70,0%)
Dortmund	105 500	(65,8%)
Essen	100 000	(50,5%)
Düsseldorf	86 500	(50,9%)
Duisburg	82 000	(64,8%)

(E. Klöss, Luftkrieg über Deutschland 1939–45, München 1963, S. 273)

Ähnlich trostlos war die Situation in wirtschaftlicher Hinsicht. Allein durch Kriegseinwirkungen hatte Deutschland ¹/₃ seiner Industrie sowie 40% seiner Verkehrsanlagen verloren. Demontagen vervollständigten später noch die Misere. Ein Großteil der kommunalen Versorgungseinrichtungen war zerstört, die Infrastruktur weitgehend lahmgelegt. 1946 betrug die industrielle Produktion gerade noch ¹/₅ von der des Jahres 1938. Zwangsläufig war auch die Bekleidung und Ernährung völlig unzureichend. Im Juli 1945 starben im US-Sektor Berlins 95% der Neugeborenen an Unterernährung; auf das ganze Jahr bezogen war es in der amerikanischen und französischen Zone immer noch jeder dritte Säugling (Zweimal, S. 2). 1947 galt im britisch besetzten Nordrhein-Westfalen zeitweilig ein Zuteilungsplan von 750 Kalorien täglich (das sind täglich etwa drei Scheiben Brot; wobei Fleisch, Gemüse oder Fett fast unerschwingliche Luxusgüter wurden). Post- und Fernmeldeverbindungen waren fast durchweg zum Erliegen gekommen, abenteuerlich überfüllte Züge gehörten zum täglichen Bild. Daneben befand sich Deutschland seit der Entmachtung des NS-Regimes von einem Tag auf den anderen nicht nur ohne Regierung, sondern praktisch auch völlig ohne Verwaltung. Damit fehlte zugleich ein organisatorischer Apparat, der sich z. B. der riesigen Ströme von Flüchtlingen, Heimkehrern, Kriegsgefangenen oder Fremdarbeitern hätte annehmen können. 25 Mio. Deutsche befanden sich seinerzeit nicht an ihrem Heimatort, Familien waren auseinandergerissen. Das Chaos und die Not ließen sich kaum noch überbieten, und die Tatsache, daß die Menschen nicht einer allgemeinen Hoffnungslosigkeit verfielen, wird zuweilen auch damit begründet, daß angesichts der unzulänglichen Informationsmöglichkeiten das ganze Ausmaß der Krise damals noch nicht zu übersehen war.

Um den Eindruck der Misere zu vervollständigen, ließen sich noch einige neuere, sehr anschauliche Bildbände einsetzen (W. Trees/Ch. Whiting/Th. Omansen, Drei Jahre nach Null. Geschichte der britischen Besatzungszone 1945–1948, Düsseldorf 1978; J. Thies/K. v. Daak, Südwestdeutschland Stunde Null. Die Geschichte der französischen Besatzungszeit 1945–1948, Düsseldorf 1979; R. Italiaander/A. Bauer/H. Krafft, Berlins Stunde Null 1945, Düsseldorf 1979; H. Schwan/R. Steiniger, Besiegt, besetzt, geteilt. Von der Invasion bis zur Spaltung Deutschlands, Oldenburg 1979). Dies empfiehlt sich natürlich ganz besonders, wo die Möglichkeit besteht, mit einem Epidiaskop zu arbeiten.

Sollten die Schüler schließlich auf das Verhalten der Alliierten während der Besatzungszeit zu sprechen kommen – auf das später intensiver eingegangen wird –, so verweist der Lehrer auf die Abhängigkeit dieses Verhaltens von der spezifischen Situation, in der Deutschland sich damals befand.

Unterrichtsschritt 3:
Die historische Bedeutung der deutschen Niederlage (Vergleich mit anderen politischen Katastrophen)

Dies leitet über zur Erörterung der politischen und psychologischen Besonderheit dieser Niederlage. Die Bedeutung der Formel „bedingungslose Kapitulation" wäre zu erörtern. Danach könnte der Verweis auf frühere militärische und politische Katastrophen folgen. Falls von den Schülern hier weltpolitische Dimensionen angeführt werden (etwa Karthago), ist kurz darauf einzugehen. Man sollte sich dann aber recht bald auf die deutsche Geschichte konzentrieren. Vergleiche mit ebenfalls schicksalsträchtigen Niederlagen der deutschen Vergangenheit drängen sich auf, z.B. mit
– Preußen, das nach Jena/Auerstedt von Napoleon praktisch auf einen Vasallenstatus herabgedrückt und im Frieden von Tilsit wirtschaftlich ruiniert wurde. Doch zeigten immerhin die darauf folgenden Befreiungskriege soviel nationale Substanz, daß binnen kurzem die staatliche Integrität wieder hergestellt werden konnte.
– Zu nennen wäre auch Deutschland nach 1918. Auch hier zielte man im Versailler Vertrag auf eine entschiedene Schwächung Deutschlands in territorialer wie wirtschaftlicher Hinsicht. Doch waren deutsche Gebiete vom eigentlichen Kampfgeschehen bis zum Waffenstillstand nicht betroffen worden. Zudem wirkten das amerikanische Desinteresse an Europa wie die russische Isolation einer allseitigen Zerstückelungsstrategie entgegen.
– Vielleicht muß man bis zum 30jährigen Krieg zurückgehen, um eine in wichtigen Aspekten ähnliche Konstellation vorzufinden. Der Wunsch, das Heilige Römische Reich Deutscher Nation als Europas dominierenden Machtfaktor grundsätzlich auszuschalten, war bei der territorialen Aufsplitterung im Westfälischen Frieden sicherlich ähnlich groß. Und auch die intellektuelle und ideologische Zerrissenheit in dieser von Reformation und Gegenreformation geschüttelten Epoche ließe sich mit dem Übergang von fanatischer Glaubensseligkeit zu völliger Desillusionierung nach 1945 in Parallele setzen. Durchaus vergleichbar wäre im übrigen – neben den ökonomischen Verheerungen – auch der emotionale Ausgangspunkt der erbitterten Auseinandersetzung. Dem blinden Konfessionshaß von Katholiken, Lutheranern, Täufern oder Calvinisten aufeinander entsprach die unerbittliche Frontstellung, in die Hitlers „Politik" das deutsche Volk hineinmanövriert hatte. Sein „Totaler Krieg", sein bewußtes Ignorieren völkerrechtlicher Normen und sein auf die Vernichtung ganzer Bevölkerungsgruppen ausgerichteter Rassenwahn ließen diesen 2. Weltkrieg für große Teile der Welt als einen „Kreuzzug des 20. Jahrhunderts gegen die Barbarei" erscheinen.

Man kann solche sehr großzügig gezogenen Parallelen natürlich nicht in extenso diskutieren, sondern jeweils nur einzelne dominierende Gesichtspunkte hervorheben.

Unterrichtsschritt 4:
Besonderheit der deutschen Niederlage

Anschließend fassen die Schüler zusammen, was das Besondere der deutschen Niederlage von 1945 ausmacht. Als Mindestergebnis sollte herauskommen, daß Deutschland im Jahre 1945 nicht nur militärisch vernichtet, wirtschaftlich ruiniert und ideologisch verunsichert, sondern auch noch – was für die aufzuerlegenden Bedingungen nicht ohne Einfluß blieb – in der ganzen Welt moralisch isoliert war. Im Lehrervortrag sind folgende Gesichtspunkte zu ergänzen:
– Von Rußland, das im „Großen Vaterländischen Krieg" immerhin 20 Mio. Tote zu beklagen hatte, war Milde zunächst einmal

allenfalls als taktisch-rhetorische Geste zu erwarten.
— Das gleiche gilt für Frankreich, dessen Revanche- und Sicherheitsbedürfnis durch die vierjährige Okkupation neue Nahrung bekommen hatte.
— Allenfalls Churchill, der den heraufdämmernden Ost-West-Konflikt schon früher als andere ahnte (und beeinflußte), wäre bereit gewesen, das Ziel einer rückhaltlosen Bestrafung Deutschlands realpolitischen Überlegungen unterzuordnen.
— Roosevelt hingegen hatte für das Volk des Nationalsozialismus nur Haß und Verachtung übrig. „Es ist äußerst wichtig, jedem Deutschen zum Bewußtsein zu bringen, daß Deutschland diesmal geschlagen ist. (...) Alle Deutschen sollen es spüren, daß die ganze Nation an einer verbrecherischen Verschwörung gegen die Anstandsgesetze der modernen Zivilisation teilgenommen hat", sagte er bereits am 26. August 1944 (zit. nach Balfour, a. a. O., S. 34 f.) – ein Ausspruch, der mit den Schülern zu diskutieren ist. Und auch Truman ließ zunächst solche Gefühle und Absichten in der Besatzungspolitik wirksam werden. Aus den Erlebnissen des Zweiten Weltkriegs und seiner faschistischen Begleiterscheinungen erwartete man allenthalben eine deutsche Bestrafung wie ein endgültiges Ausschalten dieses Staates als politische Macht.

Von solchen Grundabsichten und Stimmungen her lassen sich dann die tatsächlichen Entscheidungen der Alliierten über die Behandlung Deutschlands analysieren, zu denen die nächste Stunde führt.

Hausaufgabe

(Der Kurs wird in 4 Gruppen aufgeteilt, die jeweils eine Teilaufgabe übernehmen.) Schreiben Sie aus dem Text des Potsdamer Abkommens (Bodensieck I, 19 ff.; PW 9 ff.; PuG 187 ff.; Krautkrämer 21 ff. – u. a.) stichwortartig die wichtigsten
territorialen und bevölkerungsmäßigen,
Verwaltungs- und Regierungs-,
sonstigen innenpolitischen,
wirtschaftlichen
Bestimmungen heraus!

2. Stunde:
Die Potsdamer Konferenz

Zur didaktischen Funktion

Zwei Monate nach Beendigung des Krieges kamen die siegreichen „Großen Drei" in Potsdam zusammen, um über das Schicksal Deutschlands zu befinden. Die Konferenz ist sicherlich eine der folgenreichsten der deutschen Nachkriegsgeschichte, wenngleich die Einhaltung der Abmachungen z. T. durch die Entwicklungen des kalten Krieges beeinträchtigt wurde. Mit den wichtigsten Voraussetzungen und Bestimmungen befaßt sich die 2. Stunde. Dabei steht Potsdam in dieser Unterrichtsreihe exemplarisch für eine weitere Anzahl von Kriegs- und Nachkriegskonferenzen der Jahre 1943–45. So finden aus Zeitersparnisgründen die Konferenzen von Teheran, London oder Jalta lediglich hinsichtlich der Sektoren- bzw. der Grenzregelung im Osten Beachtung (vgl. U'Schritt 2). Es fällt dies um so leichter, als die Potsdamer Konferenz Übereinkünfte von Jalta z. B. ja weitgehend übernimmt bzw. fortschreibt.
Die Strukturierungshilfe läßt sich in ihrem ganzen Umfang nur als Hektographie einsetzen. Bei der Verwendung als Tafelbild sollte man sich auf die – dann durch kleinere Zusätze ergänzte – mittlere und rechte Spalte beschränken, in denen die Essenz enthalten ist.
In der Behandlung der Vertreibungsproblematik im Osten könnte mancher – zumal im Zuge der durchaus begrüßenswerten

deutsch-polnischen Schulbuchgespräche – eine entspannungsfeindliche propagandistische Stellungnahme erblicken. Es hat aber sicherlich nichts mit Chauvinismus oder Exkulpationsbedürfnis zu tun, wenn man auf diese Unmenschlichkeiten in gebührender Weise aufmerksam macht. Sie lassen sich historisch erklären aus dem Kreislauf von Haß und Gewalt, den es endlich zu durchbrechen gilt; sie zu übergehen oder herunterzuspielen, wäre jedoch falsch verstandene Rücksichtnahme, die u.U. genau das Gegenteil des erstrebten Erziehungsziels erreicht. Indem man durch Verschweigen einen Beitrag zur Verständigung leisten möchte, öffnet man ideologiebefrachteten sogenannten „Enthüllungen" Tor und Tür.

Literatur:

E. Deuerlein (Hg.), Potsdam 1945. Dokumente, München 1963 (TB)
ders., Die Einheit Deutschlands, Bd. 1: Die Erörterungen und Entscheidungen der Kriegs- und Nachkriegskonferenzen 1941–49, Frankfurt/M. ²1961
W. Cornides, Die Weltmächte und Deutschland. Geschichte der jüngsten Vergangenheit 1945–1955, Tübingen ³1964
W. Marienfeld, Konferenzen über Deutschland 1941–1949, Hannover 1962
G. Moltmann, Amerikas Deutschlandpolitik im Zweiten Weltkrieg, Heidelberg 1968
F. Faust, Das Potsdamer Abkommen und seine völkerrechtliche Bedeutung, Frankfurt/M. ⁴1969

Ziele der Stunde

Die Schüler kennen
– die wesentlichen Bestimmungen des Potsdamer Abkommens;
– die Konferenzteilnehmer bzw. ihre Vorgänger;
– die wichtigsten Vorkonferenzen und die dort festgelegten Grenzregelungen.

Die Schüler erkennen
als Gründe westlicher Nachgiebigkeit
– das im Zusammenhang mit dem Japan-Krieg und der UNO-Konzeption stehende Interesse der Amerikaner an einem Einvernehmen mit Rußland;
– die Schaffung vollendeter Tatsachen im Osten durch Stalin;
– die personelle Fluktuation im Regierungslager des Westens;
– die in Teheran und Jalta geschaffenen Präjudizierungen.

Die Schüler erarbeiten
– (anhand einer Zeittafel) den historischen Kontext zur Potsdamer Konferenz.

Die Schüler beurteilen
– die Ursachen und Konsequenzen der Umsiedlung aus den Ostgebieten;
– die Bedeutung der „normativen Kraft des Faktischen" zu der deutschen Nachkriegsentwicklung.

Verlaufsskizze

Unterrichtsschritt 1:
Historischer Kontext

Zu Beginn verweist der Lehrer auf das Datum der Konferenz (17.7.–2.8.45) und fordert die Schüler auf, anhand einer historischen Zeittafel (dtv-atlas oder andere Hilfsmittel z.B. in Lehrbüchern) den weltpolitischen Kontext zu ermitteln. Aus den genannten Ereignissen sind etwa folgende herauszuheben:

8.5.45: Deutsche Kapitulation
26.6.45: UN-Charta in San Francisco unterzeichnet
6.8.45: Abwurf der Atombombe über Hiroshima
2.9.45: Kapitulation Japans

Hierauf schließt sich die Frage an, welche Seite der Alliierten von der weltpolitischen Konstellation zur Zeit der Potsdamer Konferenz wohl am meisten profitierte. Die Schüler dürften dabei sehr schnell erfassen, daß die Sowjetunion, die den Krieg bereits siegreich beendet hatte, während die japanisch-amerikanischen Feindseligkeiten noch andauerten, einen großen taktischen Vorteil besaß, zumal die noch ausstehende russische Kriegserklärung an Japan als Trumpfkarte ins Spiel gebracht werden konnte. Der Lehrer ergänzt, daß selbst der Testabwurf der ersten amerikanischen Atombombe, von dem Truman am Nachmittag des 21. Juli erfuhr, von diesem nicht mehr entscheidend in politisches Kapital umgemünzt werden konnte (vgl. Ch. L. Mee, Die Teilung der Beute, Wien u. a. 1977). Ein weiterer Lehrerhinweis auf Roosevelts UNO-Pläne, seine Idee der „Einen Welt", in der den Großmächten eine Polizistenrolle zukommen sollte, macht den Schülern sodann einsichtig, daß die USA auch langfristig daran interessiert sein mußten, Stalin entgegenzukommen. Diese Tendenz der amerikanischen Außenpolitik kann zusätzlich durch einen (vom Lehrer verlesenen) Textauszug des Hickerson-Gutachtens belegt werden, in dem Roosevelt 1944 vom State Department vorgeschlagen wurde, die sowjetischen Gebietsforderungen in Jalta zu akzeptieren (ZuM 388, letzter Abs.). Von daher erklärt es sich auch, daß die beginnende Sowjetisierung Osteuropas sowie die Schaffung vollendeter Tatsachen in den deutschen Ostgebieten jenseits von Oder und Neiße (Vertreibung der Deutschen; Anerkennung des Lubliner Komitees; Grenzvertrag zwischen der SU und Polen) auf allenfalls verbalen westlichen Widerstand stießen. Hier könnten sich in einer kurzen Diskussion einige allgemeine Reflexionen über die normative Kraft des Faktischen anschließen, die über das eigentliche Thema hinausgehen.

Unterrichtsschritt 2:
Weitere Voraussetzungen

Schließlich verdient auch die Zusammensetzung der Konferenz einige Beachtung. Dabei werden die Schüler sehr schnell erkennen, daß die Fluktuation im Regierungslager der Westalliierten Stalin wesentliche Vorteile brachte. Roosevelt war am 12. April gestorben und von Vizepräsident Truman ersetzt worden; Churchill wurde mitten in der Konferenz durch den Wahlsieger Attlee abgelöst, so daß Stalin der einzige war, der die Beschlüsse von Jalta mitgefaßt hatte, und sie naturgemäß in seinem Sinne interpretierte. An dieser Stelle bieten sich kurze Erläuterungen des Lehrers über Grenzbestimmungen der Kriegskonferenzen von Teheran (28. 11.–1. 12. 43) und Jalta (1.–11. 2. 45) an, die das Potsdamer Abkommen weitgehend präjudizierten.
Folgende Tatsachen sind besonders hervorzuheben: Während in Teheran die Curzon-Linie als Rußlands Westgrenze beschlossen und entsprechende polnische Kompensationen durch Deutschland bis zur Oder in Aussicht gestellt wurden, brachte Jalta diesbezüglich eine Bestätigung mit der Maßgabe, daß Polens Westgrenze in einem Friedensvertrag geregelt werde. Die sonstigen, Deutschland betreffenden Bestimmungen haben fast durchweg in das Potsdamer Abkommen Eingang gefunden. Dessen Kommuniqué vom 2. 8. 45 berief sich auch ausdrücklich auf die Krim-Deklaration vom Februar des Jahres, derzufolge es Aufgabe der Sieger sei, „dafür Sorge zu tragen, daß Deutschland nie wieder imstande ist, den Weltfrieden zu stören" (GdG 328).
Nun erfolgt die Bewertung der Voraussetzungen und ihre schriftliche Fixierung an der Tafel (mittlere Spalte). Danach wird die rechte Spalte („Bestimmungen") in die entsprechenden Einteilungen, die in der letzten Stunde für die Hausaufgabe vorgenommen wurden, untergliedert.

Ergänzung:
Wer durch andere Schwerpunktsetzung für die Kriegskonferenzen noch Zeit erübrigen kann, findet für Analysen und Vergleiche eine recht gute Quellenbasis bei: Krautkrämer 16f.; Bodensieck I, 6f., 9–11; GdG 328f.; dazu A. Fischer, Hg., Teheran, Jalta, Potsdam. Die sowjetischen Protokolle von den Kriegskonferenzen der „Großen Drei", Köln 1968.

Unterrichtsschritt 3:
Territoriale und bevölkerungsmäßige Bestimmungen

Im Zuge der Auswertung der Hausaufgabe werden die wichtigsten Potsdamer Bestimmungen besprochen und an die Tafel geschrieben. Es ist hierbei darauf zu achten, daß je nach Textgrundlage u.U. nicht alle Bestimmungen, die im Tafelbild erwähnt sind, enthalten sind. Hier gilt es dann zu ergänzen. Meist dürfte es jedoch darum gehen, die Nennungen der Schüler, die vermutlich viel mehr herausgeschrieben haben als unbedingt erforderlich, auf die grundlegenden Inhalte zu reduzieren. Die gebietsmäßigen Veränderungen werden an der Karte gezeigt. Die Problematik der deutschen Ostgrenze leitet über zu den *Territorialbestimmungen* der Potsdamer Konferenz. Die wichtigsten Gebiets- und Bevölkerungsregelungen lauten:
Deutschland wird in vier Besatzungszonen aufgeteilt: eine sowjetische (mit den späteren Ländern Mecklenburg, Sachsen, Thüringen, Brandenburg und Sachsen-Anhalt), eine amerikanische (mit Bayern, Großhessen, Württemberg, Baden und Bremen), eine britische (mit den heutigen Bundesländern Schleswig-Holstein, Nordrhein-Westfalen, Niedersachsen und Hamburg) und – falls Frankreich es wünsche – eine französische. Sie enthielt die Länder Rheinland-Pfalz, Süd-Baden, Württemberg-Hohenzollern und das Saargebiet, das später aus der französischen Zone herausgelöst und wirtschaftlich mit Frankreich verbunden wurde.

Berlin war bereits seit dem Londoner Protokoll im Herbst 1944 ein Sonderstatus unter Aufsicht der zunächst drei, dann vier Besatzungsmächte zudiktiert worden. Wiewohl nicht unmittelbar Gegenstand der Potsdamer Konferenz, sollte diese Einteilung am besten im Zusammenhang mit der übrigen Zonengliederung erwähnt werden, wobei sich eine graphische Kennzeichnung im Tafelbild empfiehlt (eckige Klammer).
Nicht Bestandteil der sowjetischen Besatzungszone waren die deutschen Ostgebiete jenseits der Oder-Neiße-Linie. Diese wurden (bis zu einem Friedensvertrag) der polnischen Regierung verwaltungsmäßig unterstellt. Der Nordteil Ostpreußens mit Königsberg wurde dem russischen Herrschaftsbereich unterstellt. Deutschland verlor damit 25% seines Territoriums, gemessen an den Grenzen von 1937.
Ein folgenschwerer Entschluß war auch die Ausweisung der Deutschen aus Polen, Ungarn und der Tschechoslowakei. Einer Statistik des Vertriebenenministeriums zufolge betraf diese Anordnung über 14 Mio. Menschen, wobei mehr als 2 Mio. den Tod fanden (vgl. ZuM 389f.). Daß in diesem Fall Millionen großenteils Unschuldiger wieder einmal Opfer politischer Gewalt und Vergeltung wurden, sollte ebenfalls zu einer kurzen Überlegung Anlaß geben. Wo genügend Zeit vorhanden ist, können sich die Schüler anhand einer Vertriebenen-Statistik und entsprechender Augenzeugenberichte (ZuM 388ff.) selbst ein Bild machen. Ansonsten genügt die Nennung der wichtigsten Zahlen, die allerdings mit einem Hinweis auf die z.T. mörderischen Bedingungen dieser Ausweisungen verbunden werden sollen. Dabei sollten die Ursachen für die Greuel aber stets mitbedacht werden.

Ergänzung:
Wer auf weitere Erlebnisberichte zurückgreifen will, halte sich z.B. an die Dokumentation der Vertreibung der Deutschen aus Ost-Mitteleuropa, hrsg. v. Bundesarchiv Koblenz, 12 Bde., 1953–62;

Auszüge davon in: Der Spiegel 27/1979, S. 77–84; gut geeignet auch F. Gruber/G. Richter, Flucht und Vertreibung, Hamburg 1980 – ein Werk, das sich um Ausgewogenheit bemüht und die Gründe nicht von den Folgen trennt. Über diese Tatbestände, Ursachen und Zusammenhänge sollte dann kurz diskutiert werden.

Unterrichtsschritt 4:
Sonstige Bestimmungen

Das methodische Vorgehen entspricht dem in Unterrichtsschritt 3. Die jeweiligen Arbeitsgruppen nennen wichtige Bestimmungen aus ihrem Bereich, die korrigiert oder ergänzt, nötigenfalls kommentiert und zur Tafelanschrift ausgewählt werden.

Bestimmungen in verwaltungsmäßiger Hinsicht: Da man sich über Deutschlands künftige Gestalt (noch) nicht geeinigt hatte, lag der verwaltungsmäßige Schwerpunkt bei den weisungsgebundenen Oberbefehlshabern der Besatzungszonen. Sie bildeten zusammen den Alliierten Kontrollrat, dessen einstimmig zu fassende Beschlüsse für eine gewisse Einheitlichkeit sorgen sollten. Unterhalb dieses Kontrollrats waren örtliche und sogar zentrale deutsche Verwaltungsabteilungen vorgesehen, die jedoch insbesondere durch die französische Obstruktion gegen jeglichen Zentralismus in Deutschland schließlich nicht zustandekamen.

Bestimmungen in (innen-)politischer Hinsicht: Die zentralen (innen-)politischen Begriffe lauteten: Entnazifizierung, Entmilitarisierung und Demokratisierung. Mochte man sich bei der Entmilitarisierung (völlige Abrüstung, Beseitigung der Kriegsindustrie) und Entnazifizierung (Entlassung und Internierung von Parteifunktionären, Fragebogen-Aktion, Verurteilung von Kriegsverbrechern z. B. im Nürnberger Prozeß) noch relativ schnell verständigen, so trug die Forderung nach Demokratisierung Deutschlands von vornherein den Keim des Zerwürfnisses in sich. Entsprechend den unterschiedlichen Auffassungen von Demokratie im westlichen bzw. östlichen Lager war in diesem Punkt eine Einigung schlechterdings nicht zu erwarten, so daß – je nach Standpunkt – antikapitalistische Verstaatlichung und Einheitspartei ebenso wie freie Wahlen oder Marktwirtschaft damit in Verbindung gebracht wurden.

Bestimmungen in wirtschaftlicher Hinsicht: Für die Bevölkerung mit am folgenreichsten waren die wirtschaftlichen Bestimmungen, insbesondere die Reparationsregelungen. Hier war es bereits im Zusammenhang mit der Frage der polnischen Westgrenze zu Meinungsverschiedenheiten gekommen, da die Westmächte geltend machten, daß ein um ein Viertel verkleinertes Deutschland, das zudem noch den enormen Flüchtlingsstrom aufnehmen müsse, schwerlich die von Stalin geforderten 20 Mrd. Dollar (davon 10 Mrd. an die SU) Kriegsentschädigung zahlen könne. Man einigte sich schließlich darauf, daß die Reparationsansprüche der Russen aus der SBZ, die der Westmächte aus den Westzonen entnommen werden sollten. Zusätzlich erhielt Rußland 10% der „für die deutsche Friedenswirtschaft unnötigen" industriellen Produktion aus den Westzonen, weitere 15% Industrieausrüstung im Austausch vor allem für Nahrungsmittel und Kohle. Die Reparationsforderungen hatten gemäß den Potsdamer Abkommen umfangreiche Industrie-Demontagen zur Folge. Entflechtungen von Kartellen, Syndikaten und Trusts zielten auf eine weitere Schwächung der deutschen Wirtschaft ab, die zudem noch eigens kontrolliert wurde. Immerhin stand im Gegensatz zum politischen Bereich ausdrücklich im Vertrag: „Während der Besatzungszeit ist Deutschland als eine wirtschaftliche Einheit zu betrachten."

Hausaufgabe

Lesen Sie die angegebene Passage des Morgenthau-Plans (z.B. Krautkrämer 8f.) und beantworten Sie folgende Fragen (in Stichworten):
1. Welche Grundabsicht wird im Text erkennbar?
2. Welche wirtschaftlichen Forderungen werden erhoben?
3. Welche Folgen hätte die Durchführung des Plans für Deutschland gehabt?

3. Stunde:
Deutschland unter Viermächteverwaltung

Zur didaktischen Funktion

Die 3. Stunde schließt insofern unmittelbar an die vorherige an, als sie von der Potsdamer Regelung des Alliierten Kontrollrats ausgeht und die Aussichten wie tatsächlich wahrgenommene Möglichkeiten einer gesamtdeutschen Verwaltung erörtert (vgl. dazu M. Balfour, Viermächte-Kontrolle in Deutschland 1945/46, Düsseldorf 1959). In diesem Zusammenhang werden die jeweiligen Deutschlandpläne der vier Siegermächte betrachtet (vgl. z.B.: H.-P. Schwarz, Vom Reich zur Bundesrepublik. Deutschland im Widerstreit der außenpolitischen Konzeptionen in den Jahren der Besatzungsherrschaft 1945–49, Neuwied 1966; S. Koß, Vorstellungen der Alliierten von Nachkriegsdeutschland. Planungen zwischen 1943 und 1945, in: Beil. z. Parlament B 42 und 43/77). Aus deren Unterschiedlichkeit wird das zwangsläufige Scheitern einer gemeinsamen Besatzungspolitik entwickelt, wobei auch die französische Obstruktion und der aufkommende Ost-West-Gegensatz angesprochen werden, als dessen Endprodukt sich die deutsche Spaltung ergab. Den Schülern wird dabei einsichtig, daß gerade die Uneinheitlichkeit alliierter Nachkriegspolitik zumindest den einen Vorteil hatte, eine ursprünglich beabsichtigte weit größere Zerstückelung zu verhindern.

Diese zu veranschaulichen, leistet in besonderem Maße ein Textauszug aus dem Morgenthauplan, der den Schülern zur häuslichen Erarbeitung gegeben wurde. Daß dieser Plan schließlich doch nicht in Kraft gesetzt wurde (vgl. zur Problematik: J. M. Blum, The Estate of Henry Morgenthau, jr., 1967), mindert den Aussagewert dieser Quelle kaum, da einerseits nicht unwesentliche Teile von ihm in die militärische Direktive JCS 1067 übergingen, andererseits die Tendenz des Morgenthauplans für die Einstellung nicht nur der Amerikaner in der Frühphase der Besatzung kennzeichnend war (zur Darstellung des amerikanischen Besatzungsapparats: C. Latour / Th. Vogelsang, Okkupation und Wiederaufbau. Die Tätigkeit der Militärregierung in der amerikanischen Besatzungszone Deutschlands 1944–1947, Stuttgart 1973; ein knapper Überblick über die organisatorischen Einflüsse in den einzelnen Besatzungszonen bei: Stammen 33ff. u.a.).

Außer den genannten Quellen soll den Schülern allenfalls noch ein Textbeleg zur sowjetischen Haltung zugänglich gemacht werden. Weitere Dokumente werden nur als kurze Ausschnitte im Rahmen eines Lehrervortrags dargeboten, den der relativ umfangreiche Stoff weitgehend erforderlich macht. U.U. kann diese Aufgabe allerdings auch zumindest teilweise an einzelne Schüler als Referate delegiert werden.

Ziele der Stunde

Die Schüler kennen
– grundlegende Absichten der Sieger hinsichtlich Deutschlands in der frühen Phase der Besatzung;

- die wichtigsten Maßnahmen in den vier Besatzungszonen;
- die wesentlichen Gründe für das unterschiedliche Vorgehen in den vier Zonen.

Die Schüler erkennen
- daß der Alliierte Kontrollrat nur auf der Basis alliierter Gemeinsamkeit funktionieren konnte;
- die Bedeutung des aufkommenden Ost-West-Konflikts und der französischen Obstruktionspolitik im Kontrollrat;
- die Folgen alliierter Uneinigkeit für Deutschland.

Die Schüler beurteilen
- die Motive, welche den Deutschland-Konzepten zugrunde lagen.

Verlaufsskizze

Unterrichtsschritt 1:
Deutschlandpläne der Sieger

Ausgangspunkt des Unterrichtsgesprächs ist eine kurze Wiederholung der wichtigsten Bestimmungen der Potsdamer Konferenz. Die Klausel von der Einstimmigkeit der Beschlüsse im Alliierten Kontrollrat fordert die Frage nach der Funktionstüchtigkeit dieses einzigen zentralen Gremiums geradezu heraus. Bedingung hierfür wären aber – das dürften die Schüler unschwer erkennen – einheitliche Deutschland-Konzeptionen der Sieger. Deren Erörterung beginnt mit dem Morgenthau-Plan, wobei auf die zu Hause angefertigten Notizen zurückgegriffen wird. Die britische, französische und russische Haltung in bezug auf Deutschland wird anschließend behandelt. Um eine Überfrachtung mit Quellentexten zu vermeiden, können Kernstellen der unten genannten Dokumente mündlich zusammengefaßt werden (Lehrervortrag und/oder Schülerreferate). Die unten zitierten kurzen Passagen bieten, auch ohne im Text den Schülern vorzuliegen, keine Verständnisschwierigkeiten.

In dem vorgeschlagenen Lehrervortrag (bzw. in den Schülerreferaten) sind folgende Gesichtspunkte herauszustellen:

USA: Als Haupttendenz der US-Politik wird die Absicht nach Zerstückelung und (wirtschaftlicher) Entmachtung Deutschlands herausgestellt, das es zu bestrafen und umzuerziehen gilt. Dieses Ziel verfolgten die Amerikaner zunächst in aller Konsequenz, zumal sie sich aus wirtschaftlich gesicherter Position nicht von Reparationswünschen leiten ließen. Wenn auch der Morgenthau-Plan, der Deutschland zu einem international kontrollierten, politisch dezentralisierten und zerstückelten Agrarland machen wollte, – nicht zuletzt aus wahltaktischen Gründen – nie offizielles Regierungsprogramm wurde, so sind wichtige Grundsätze doch in die amerikanische Besatzungspolitik eingegangen. Der Plan einer Zerstückelung (dismemberment) galt weiterhin, und selbst wo man die völlige Entindustrialisierung ablehnte, blieben noch genügend Ansatzpunkte zu einer (wirtschaftlichen) Bestrafung Deutschlands. Die Direktive JCS 1067 an den Oberbefehlshaber der US-Besatzungstruppen vom 26.4.1945 läßt die Ziele der Militärregierung deutlich hervortreten. Folgender Ausschnitt bietet sich zum Verlesen an:

„Es muß den Deutschen klargemacht werden, daß Deutschlands rücksichtslose Kriegsführung und der fanatische Widerstand der Nazis die deutsche Wirtschaft zerstört und Chaos und Leiden unvermeidlich gemacht haben und daß sie nicht der Verantwortung für das entgehen können, was sie selbst auf sich geladen haben.
Deutschland wird nicht besetzt zum Zwecke seiner Befreiung, sondern als besiegter Feindstaat. (...) Bei der Durchführung der Besetzung und Verwaltung müssen Sie gerecht, aber fest und unnahbar sein. Die Verbrüderung mit deutschen Beamten und der Bevölkerung werden Sie streng unterbinden.
Das Hauptziel der Alliierten ist es, Deutschland daran zu hindern, je wieder eine Bedrohung des Weltfriedens zu werden." (Info 157, S. 5)

GB: Großbritanniens Politik orientierte sich traditionsgemäß am Gleichgewichtsgedanken. Aus Sorge vor einer Vormachtstellung der Sowjetunion in Europa tendierte Churchill bereits gegen Ende des 2. Weltkrieges dazu, ein westliches Sicherheitssystem zu errichten, in dem auch Deutschland später seinen Platz erhalten sollte. Diese Realpolitik, die Deutschland zumindest nicht völlig zerstückeln und wirtschaftlich ruinieren wollte, wurde allerdings durch Englands finanzielle Abhängigkeit von den USA beeinträchtigt, die eine Annäherung an amerikanische Vorstellungen nahelegten. Trotz Reparationsforderungen sah man sich immerhin bemüht, die deutsche Wirtschaftskraft, soweit sie England nicht schädigen konnte, nicht gänzlich zu zerstören. Für die Haltung zumindest konservativer Kreise in Großbritannien kennzeichnend sind zwei Redeausschnitte Churchills, obwohl sie erst aus dem Jahre 1946 stammen (Rede in Fulton, März 1946 [Krautkrämer 29f. oder WdP 257]: hier die deutliche Zurückweisung sowjetischer Expansion auch in bezug auf Deutschland und die Befürchtung, daß der Konflikt unter den Alliierten „den geschlagenen Deutschen die Macht geben [könnte], sich zwischen den Sowjets und den westlichen Demokratien an den Meistbietenden zu verkaufen". [Krautkrämer 30] Rede in Zürich am 19.9.46 [Bodensieck III, 22f.]: Bemerkenswert ist hier der Gedanke einer deutsch-französischen Annäherung als Basis der Vereinigten Staaten von Europa).

F: In Frankreichs Plänen (vgl. R. v. Albertini, Die französische Deutschland-Politik, in: Schweizer Monatshefte 35, 1955/56) mischten sich Sicherheitsinteressen und Revanchebedürfnis mit traditionellen Bestrebungen einer expansiven Grenzpolitik am Rhein: Das Ruhrgebiet sollte internationalisiert, das Saarland annektiert und ein von Frankreich abhängiger Rheinstaat geschaffen werden. Jegliche Zentralisierung lehnte Paris kategorisch ab. De Gaulles deutschlandpolitische Stellungnahmen lassen an Deutlichkeit nichts zu wünschen übrig (so z. B. am 14.9.45 zur Potsdamer Konferenz [Bodensieck I, 24 f.]; noch unverblümter sein Statement vom 28.7.46 [WdP 260f.] oder seine Äußerung gegenüber dem US-Botschafter vom 3.11.45, daß

„jede in Deutschland eingerichtete zentrale Regierung unausweichlich in die Hände der Russen fallen und auf eine Restaurierung und Erstarkung Deutschlands hinauslaufen würde." Es „würde mit Sicherheit schließlich nach Frankreich einfallen (...), und ganz Europa wäre russisch." (Bodensieck I, 25)

SU: Die sowjetische Deutschlandpolitik (vgl. dazu: W. Erfurt, Die sowjet-russische Deutschlandpolitik, Esslingen ⁶1962) verfolgte vor allem zwei Interessen:
– Reparationsleistungen zum Zwecke des Wiederaufbaus seiner schwer in Mitleidenschaft gezogenen Wirtschaft (zu den russischen Verlusten vgl. D. Horowitz, Kalter Krieg, Bd. 1, Berlin 1969, 21 f.). Die SBZ fungierte hierbei als Faustpfand.
– Daneben war sie – auch im Zusammenhang mit den Reparationsregelungen – bemüht, ganz Deutschland in ihren (ideologischen) Einflußbereich zu ziehen. Ihre Haltung war weitgehend taktisch und nicht zuletzt vom Verhalten der Westmächte her bestimmt. Bemerkenswert und propagandistisch geschickt war immerhin Stalins plötzliche Wendung vom 9. Mai 1945, als er im Gegensatz zu früheren alliierten Absprachen verkündete:

„Die Sowjetunion feiert den Sieg, wenn sie sich auch nicht anschickt, Deutschland zu zerstückeln oder zu vernichten." (Bodensieck I, 11)

Die sowjetrussischen Pläne – so sehr man hier auch zuweilen auf Mutmaßungen angewiesen ist – werden als alternative Zielsetzungen zusammengefaßt in: PuG 195. Während hier vor allem die Absicht, Deutschland als Sprungbrett zur Bolschewisierung ganz

Westeuropas zu benutzen (Shdanow), einer möglichen Bereitschaft, Pankow zu opfern (Berija), gegenübergestellt werden könnte, fehlen dieser Quelle Hinweise auf Rußlands großes Interesse an Reparationen. Dieses Ziel sollte, falls der genannte Text eingesetzt wird, unbedingt vom Lehrer ergänzt und als eines der wichtigsten hervorgehoben werden. (Zur russischen Politik vgl. bes. H. P. Schwarz, Vom Reich zur Bundesrepublik, a.a.O. 261–69; Auszug in: WdP 250f.)

Unterrichtsschritt 2:
Folgerungen aus den unterschiedlichen Deutschland-Konzeptionen

Den Schülern wird auf die entsprechende Lehrerfrage hin sicherlich schnell einsichtig, daß das Ergebnis so unterschiedlicher Zielvorstellungen nur die Lahmlegung des Kontrollrats als zentrale Regierungsstelle sein konnte. Auch dürfte eine Musterung von Potsdamer Bestimmungen wie „Demokratisierung", „Entmilitarisierung", „Entnazifizierung", „Demontage" und „Reparationen" rasch ergeben, wo die Konfliktfelder lagen, die den kommenden Ost-West-Konflikt voraussahnen ließen. Der Lehrer gibt den Hinweis, daß baldige Einigkeit lediglich in Fragen der Entnazifizierung zu erzielen war. So übertrug der Kontrollrat z.B. im Anschluß an den Nürnberger Prozeß den Amerikanern die Vollmacht zur Führung der Nachfolgeprozesse (vgl. dazu: J. Fürstenau, Entnazifizierung, Neuwied 1969). Aber bereits bei Problemen der Demontage, Reparationen und Entmilitarisierung zeichneten sich unübersehbare Divergenzen ab.

Daran schließt sich ein vom Lehrer gegebener Bericht zur Position Frankreichs an. Entscheidend war in der ersten Phase dessen destruktive Haltung. Frankreich war in Potsdam nicht vertreten und hielt sich nur an die für sich günstigen Bedingungen. Durch ihr Veto im Kontrollrat verhinderten die Franzosen jegliche Ansätze einer das ganze Deutschland betreffenden Politik. Ihre Vorbehalte betrafen eine deutsche Zentralregierung ebenso wie die Errichtung einzelner Landesbehörden oder auch Parteien und wurden zum Hemmschuh einer selbst in Potsdam gebilligten wirtschaftlichen Einheit. Schon Ende 1945 monierte Trumans Sonderbeauftragter Byron Price:

„Die USA müssen sich entscheiden, ob die von der französischen Regierung ausgeübte Obstruktion, die zu einer völligen Lähmung des Viermächte-Kontrollrats in Berlin geführt hat, zugelassen werden soll. Sie würde den Grundlagen der alliierten Politik in Deutschland widersprechen." (WdP 227)

Die Frage nach den Folgerungen für die Deutschen erbringt vor allem zwei Ergebnisse:
1. Die eigentliche Kompetenz lag nach wie vor bei den Militärgouverneuren der vier Besatzungszonen.
2. Von einer solchen Besatzungspolitik, deren Hauptmerkmal divergierende Nationalinteressen waren, hatten die Besiegten zunächst einmal wenig Konstruktives zu erwarten.

Unterrichtsschritt 3:
Maßnahmen in den Besatzungszonen

Nachdem die wesentlichen Tendenzen und Konsequenzen der Deutschland-Konzeption erkannt sind, geraten die praktischen Maßnahmen ins Blickfeld: zunächst die Aburteilung der Kriegsverbrecher. Über die entsprechenden Prozesse dürften angesichts der lebhaften Aufmerksamkeit, die dem Thema in den Medien gewidmet wird, Vorkenntnisse bei den Schülern erwartet werden, welche dann in gemeinsamer Erarbeitung zu systematisieren und zu vertiefen wären. Das weitere Unterrichtsinteresse gilt den spezifischen Maßnahmen der einzelnen Zonen:

USA: Als Beispiel für die Einstellung der USA den Unterworfenen gegenüber kann nochmals die Direktive JCS 1067 angesprochen bzw. ein zusätzlicher Ausschnitt von ihr verlesen werden. In der amerikanischen – wie übrigens auch der englischen – Zone herrschte ein striktes Fraternisierungsverbot, das bei Verstoß Strafen bis zu 65 Dollar vorsah. Gemäß der Devise, es sei dem deutschen Volk klarzumachen, wohin Hitlers Politik geführt habe, unterließ es die US-Besatzung auftragsgemäß zunächst gänzlich, der Wirtschaftsmisere abzuhelfen:

„Abgesehen von den für diese Zwecke (gemeint sind: Entnazifizierung, Reparationsregelung, Vorbeugung gegen Hungerrevolten und Seuchen) erforderlichen Maßnahmen werden Sie keine Schritte unternehmen, die (a) zur wirtschaftlichen Wiederaufrichtung Deutschlands führen könnten oder (b) geeignet sind, die deutsche Wirtschaft zu erhalten oder zu stärken" (Zweimal, 1. Aufl., 14; Reichert 35).

Die wirtschaftlichen Folgen von Demontage und Reparationen lassen sich an wenigen Zahlen demonstrieren. Der 1946 von Amerika im Kontrollrat gebilligte Industrieplan beschränkte die jährliche Produktion von Rohstahl auf 5,8 Mio. t, die von PKWs auf 40000 Stück (zum Vergleich Bundesrep. 1966: 35,3 Mio. t; 2,5 Mio. Stück). Bemerkenswert für die US-Besatzungspolitik ist aber auch der relativ frühzeitige Versuch, eine demokratische Legitimierung der vorläufigen Regierungen zu schaffen, und zwar durch Wahlen, Verfassungen und dem Stuttgarter Länderrat. Hierauf ist eigens vom Lehrer hinzuweisen, zumal Engländer und insbesondere Franzosen diesbezüglich viel bedächtiger vorgingen.

GB: Die Briten, deren aus einer Fülle kleiner Länder zusammengesetzten Zone eine erst im September 1946 abgeschlossene Neugliederung erforderlich machte, taten sich schwerer mit der Übertragung von Befugnissen an deutsche Stellen. Anders als der Stuttgarter Länderrat hatten die zonalen Institutionen, einschließlich des im März 1949 gegründeten Zonenbeirats nur beratende Funktion. Die wichtigste Maßnahme war jedoch die Schaffung des Landes Nordrhein-Westfalen, wodurch Frankreichs Ruhr-Ansprüchen deutlich entgegengetreten wurde. In ihrem Bestreben, das Revier nicht zu einem (politischen) Krisenherd werden zu lassen, sahen sie sich – wie schließlich auch die Amerikaner – gezwungen, die schlimmsten Demontagefolgen z. T. durch Lebensmittellieferungen zu lindern. Das Stichwort Nordrhein-Westfalen leitet zur französischen Besatzungspolitik über.

F: Daß Frankreichs überzogener Föderalismus (vgl. WdP 261) nicht zuletzt in Sicherheitsinteressen gründet, darf nicht unterschlagen werden, allerdings auch nicht die Tatsache, daß seine expansiven Tendenzen in Richtung Rheingrenze traditioneller Außenpolitik entsprangen (Ludwig XIV., Napoleon und der Rheinbund, Rheinkrise von 1840, Napoleon III., Versailler Vertrag und Ruhrbesetzung).

Frankreich duldete in seiner Zone nur lokale Verwaltungseinheiten, aus denen sich erst 1947 Länder entwickelten. Die Kompetenzen der von den Franzosen eingesetzten Regierungen waren außerordentlich begrenzt. Der überbetonte Föderalismus, der sich bereits im Kontrollrat unangenehm bemerkbar gemacht hatte, hatte auch auf die wirtschaftliche Entwicklung der Zone seine negativen Auswirkungen, zumal Demontagen und Reparationslieferungen hinzukamen. Das Saargebiet wurde abgetrennt und Frankreich wirtschaftlich eingegliedert. 1948 kam es schließlich zu einem Vertrag, in dem das Saargebiet als souveräner Staat anerkannt wurde, der allerdings in einer Art wirtschaftlichem Protektionsverhältnis zu Frankreich stand.

SU: Zur russischen Besatzungspolitik könnte die Frage überleiten, in welcher der vier Zonen wohl die größte Unfreiheit geherrscht habe. Erfahrungsgemäß wird die Mehrheit der Schüler (gefühlsmäßig) die SBZ nennen, ohne daß dabei konkrete Informationen vorliegen. Was die Besatzung in der SBZ so drückend erscheinen ließ, waren jedoch vor allem die katastrophalen Wirtschaftsverhältnisse, zumal Rußland radikaler demontierte und eintrieb als andere Besatzungen. Auch dürften Mentalitätsunterschiede, die relative Häufigkeit von Übergriffen, die Rücksichtslosigkeit im Zusammenhang mit der sozialen Neugliederung, das Flüchtlingsproblem, aber auch ein traditioneller (emotionaler) Antikommunismus der Deutschen das grundsätzlich negative Bild vom russischen Besatzer bestimmt haben. Vergessen wird dabei häufig, daß die Sowjets – wenn auch z.T. aus taktischen Überlegungen – die ersten waren, die Deutsche aktiv am politischen Leben beteiligten. Zu einer Zeit, als westliche Arroganz es weitgehend verhinderte, sich der dringendsten Bedürfnisse der Bevölkerung gemeinsam anzunehmen, pflegte man in Karlshorst regen Kontakt mit deutschen Parteiführern und Behördenchefs, kümmerte man sich um eine zentrale Verwaltung und ließ bereits vor der Potsdamer Konferenz Parteien zu. Was diese Besatzungsmacht durch schrittweise Sowjetisierung und wirtschaftliche Ausbeutung im Rahmen von Reparationen und Demontage an Sympathien in der Bevölkerung verlor, suchte sie durch das Festhalten an der politischen Einheit der Deutschen wettzumachen – eine Formel, welche die Westmächte propagandistisch in die Defensive drängte.

Unterrichtsschritt 4:
Die Bedeutung der alliierten Rivalität

Auf diesen Widerspruch sind die Schüler aufmerksam zu machen, nicht nur weil er ein in der Öffentlichkeit meist verzerrtes Geschichtsbild korrigiert, sondern auch als Ansatzpunkt für die Betrachtung der westlichen Deutschland-Politik, die sicherlich keineswegs von selbstlosen Praktiken oder gar Zielsetzungen getragen war. Bereits hier kann somit auf die Erkenntnis hingearbeitet werden, daß Deutschland letztlich von der Rivalität der Großmächte in einem gewissen Maße profitierte. Zumindest verhinderte der Gegensatz eine weitere Aufsplitterung des ehemaligen Deutschen Reiches. Eine kurze Diskussion darüber beendet die Stunde.

Hausaufgabe

Stellen Sie aus Ihrem Lehrbuch (z.B. PuG 196f.; Grundriß 285, 290; Reichert 10–12) oder dem dtv-atlas die wichtigsten Maßnahmen zur Änderung der gesellschaftlichen Verhältnisse in der SBZ stichwortartig zusammen!

4. Stunde:
Die SBZ wird Volksdemokratie

Zur didaktischen Funktion

Die 4. Stunde enthält zwei Schwerpunkte:
1. die Gesellschaft und Ökonomie umwälzende innenpolitische Entwicklung in der Sowjetischen Besatzungszone,
2. die (partei-)taktischen Maßnahmen und Voraussetzungen zur Errichtung der Herrschaft des Kommunismus.

Schwierigkeiten bei der Behandlung dieser Themen ergeben sich gleichermaßen aus der Stoffülle wie aus einer immer wieder festzustellenden Uninformiertheit eines beträchtlichen Teils der Schüler über elementare Fakten und Begriffe, was den zweiten deutschen Staat anbelangt. Es scheint zuweilen, als ob über England, Frankreich oder die USA bessere Kenntnisse vorhanden sind als über die Deutschen jenseits der Elbe. Auch bleibt zu vermuten, daß als Folge jahrzehntelanger ideologischer Frontstellung oder Abgrenzungsbemühung sich bei einem Teil der Schüler – trotz gelegentlich drastischer Werturteile – eine Art „politische Berührungsangst" ergeben hat, die es im Sinne eines effizienten Unterrichts schnellstens abzubauen gilt.

Die in dieser Stunde benötigten Informationen lassen sich fast durchweg in häuslicher Arbeit gewinnen. Die meisten der sozialen und ökonomischen Maßnahmen der Jahre 1945–46 sind praktisch in allen Oberstufenlehrbüchern erwähnt, so daß einer entsprechenden Vorbereitung der Schüler nichts im Wege steht. Ebenso wichtig ist jedoch, daß die machttaktischen Winkelzüge zu Beginn der kommunistischen Herrschaft deutlich werden. Zur Veranschaulichung eignet sich hier die Autobiographie Wolfgang Leonhards, die auch als Taschenbuch wieder aufgelegt wurde, vorzüglich. Der Auftrag an einige Schüler, dem Kurs ausgewählte Passagen in einem Referat vorzustellen, bietet neben der methodisch-didaktischen Abwechslung noch die Chance einer möglichen Motivation einzelner Schüler, dieses Buch persönlich ganz zu lesen.

Je nach Interesse oder Leistungsvermögen des Referenten können dabei die unbedingt einzubeziehenden Kapitel vom Lehrer benannt bzw. Zitate zur Illustration des Referats vorgeschlagen werden. Es handelt sich dabei um folgende Kapitel (Seitenangabe nach der neuesten TB-Ausgabe München 1979):

– Wir setzen Bürgermeister und Bezirksverwaltungen ein (315 ff.)
– Die Neugründung der KPD (347 ff.)
– Die antifaschistisch-demokratische Einheitsfront (356 ff.)
– Ackermanns rettende These (371 ff.)
[– Die Einheitskampagne beginnt (374 ff.)]
– Der Weg zur Vereinigung (382 ff.)
– Die Gründung der SED (386 ff.)
[– Die Niederlage in Berlin (399 ff.)]
[– Die Kampagne gegen den Titoismus (455 ff.)]
– Tito-Material auf der Parteihochschule (467 ff.)

Evtl. genügt es auch, auf Leonhard-Textausschnitte zu verweisen in:
– G./S. 9–11 (Zur Gruppe Ulbricht)
– PuG 198 (Zur kommunistischen Wahltaktik)
– K./T.-M. 24 f. (Zur SED-Gründung)

Dafür, daß dieser Bericht nicht im Episodischen steckenbleibt, sorgt die Einbettung der geschilderten Ereignisse gegen Ende der Stunde in eine grundsätzliche Typologie, welche die kommunistische Machtergreifung als systematisch herbeigeführte ausweist.

Literatur:

(vgl. auch Kap. 12)

DDR-Handbuch
E. Deuerlein (Hg.), DDR. Geschichte und Bestandsaufnahme, München ²1971 (TB)
H. Bärwald/P. Maerker, Der SED-Staat, Köln ²1966
A. Kaden, Einheit oder Freiheit. Die Wiedergründung der SPD 1945/46, Hannover 1964
N. Mattedi, Gründung und Entwicklung der Parteien in der sowjetischen Besatzungszone Deutschlands 1945–1949, Bonn 1966
S. Doernberg, Die Geburt eines neuen Deutschland 1945–1949. Die antifaschistisch-demokratische Umwälzung und die Entstehung der DDR, Berlin (Ost) 1959
E. W. Gniffke, Jahre mit Ulbricht, Köln 1966

Ziele der Stunde

Die Schüler kennen
– die wichtigsten sozialen und ökonomischen Veränderungen (Reformen) der Jahre 1945–49 in der SBZ sowie ihre politischen und ideologischen Ursachen und Auswirkungen;
– die politischen Kräfte, die diese Umgestaltung bewirkten;
– die hauptsächlichen Etappen der kommunistischen Herrschaftssicherung über die Partei.

Die Schüler erkennen
- die politische Bedeutung der sozialistischen Umgestaltung in der SBZ;
- das taktische Konzept, das dem kommunistischen Vorgehen in der SBZ zugrunde lag;
- am Beispiel der DDR die Spezifika einer Volksdemokratie;
- anhand der dargebotenen Quellen den geringen tatsächlichen Einfluß der Bevölkerung auf den politischen Kurs in der SBZ.

Die Schüler erarbeiten (als Hausaufgabe)
- anhand einer den ganzen Ostblock einbeziehenden Typologie das Schematische des Sowjetisierungsprozesses in der SBZ.

Verlaufsskizze

Unterrichtsschritt 1:
Soziale und ökonomische Umgestaltung (1945–49)

Eine kurze Wiederholung der wichtigsten Ergebnisse vor allem des letzten Teils der vorherigen Stunde (Besatzungspolitik der SU) leitet über zu den innenpolitischen Reformen in der SBZ. Die Schüler erläutern mit Hilfe ihrer stichwortartigen Notizen die wichtigsten innenpolitischen Maßnahmen der ersten Nachkriegsjahre. Sie werden besprochen, evtl. (vom Lehrer) ergänzt und sogleich an der Tafel fixiert (rechte Spalte). Erwähnt werden sollten folgende Gegebenheiten:

1. Die *Bodenreform* mit der entschädigungslosen Enteignung von ca. 6000 Großgrundbesitzern, deren Anbauflächen den Besitz der 300000 Klein- und Mittelbauern noch um 50% übertraf. Die 100 ha übersteigenden Ländereien wurden in Parzellen zu 4–5 ha an 500000 Kleinbauern übergeben, was aus Rentabilitätsgründen dem späteren Eintritt in eine Landwirtschaftliche Produktionsgenossenschaft Vorschub leistete. Die Maßnahmen wurden übrigens von allen Parteien unterstützt, wobei Teile der CDU und LDP lediglich an der nicht vorgesehenen Entschädigung Anstoß nahmen (vgl. H. Weber, Von der SBZ zur DDR, Hannover 1966, S. 26).

2. Die durch eine *Volksabstimmung gegen Kriegsverbrecher und aktive Faschisten* (in Sachsen am 30.6.46) legitimierte *Industriereform* führte dazu, daß binnen 4 Jahren 3/4 der Betriebe verstaatlicht waren (1950: 76,5%), wobei ein Viertel in Form von Sowjetischen Aktiengesellschaften in russischen Besitz übergingen. Auch alle *Banken* wurden *sozialisiert*.

3. Die *Justiz- und Schulreform* führt durch strenge Entnazifizierungsbestimmungen zur Entlassung von 85% der Richter, die durch „Volksrichter", die sozialistisches Recht sprechen sollten, ersetzt wurden. In Kurzausbildung wurden bis 1948 auch 50000 „Volkslehrer" produziert, welche die entlassenen ersetzen sollten. Nur die Hälfte dieser Anzahl war nämlich im Amt belassen worden. „Eine neue Elite kam empor, deren wichtigster Befähigungsnachweis zunächst die Ergebenheit gegenüber dem Regime war." (PW 17). Wichtiger Programmpunkt war auch die 8klassige Einheitsschule, auf der 4 Oberschulklassen aufbauten. Schulgeld wurde abgeschafft, Privatschulen aufgelöst, Arbeiter und Bauern sollten besonders gefördert werden.

4. Die *Gesundheitsreform* betraf zunächst vor allem die allgemeine kostenlose Heilbehandlung.

Unterrichtsschritt 2:
Sicherung der kommunistischen (Partei-)Herrschaft

Die Erkenntnis einer radikalen Veränderung der sozialen und ökonomischen Verhältnisse provoziert die Frage nach den dahinter stehenden politischen Kräften. Zur Erklärung, wieso eine relativ kleine politische Gruppe wie die Kommunisten in der SBZ diese Wirksamkeit entfalten konnten, trägt ein Schülerreferat bei, das sich mit der Sicherung kommunistischer Herrschaft durch die Partei beschäftigt. Während der einzelnen Abschnitte des Vortrags schreibt der Lehrer die wichtigsten Fakten in die linke Spalte des Tafelanschriebs. (Um Zeit zu sparen, können die in Klammer gesetzten Erläuterungen jeweils wegbleiben.)

Das Referat, dessen Inhalt mit dem Schüler vorher abzusprechen ist, soll 15 Minuten nicht überschreiten. Es orientiert sich an den im Tafelanschrieb aufgeführten Hauptdaten, wobei neben Leonhards Autobiographie die jeweiligen Lehrbücher als Informationsbasis dienen (evtl. auch G./S. 19 oder Reichert 10–12). Wichtig ist es, daß dem Kurs die taktischen Manöver im Verlauf der kommunistischen Machtergreifung deutlich werden sowie einzelne ihrer Etappen:

1. Mehr oder weniger anonymer Einfluß durch Emigrantenkader wie z.B. die „Gruppe Ulbricht" in Berlin, deren Mitglieder als politische Berater in der Shukow-Armee tätig waren.

2. Der Versuch der KPD, mit Hilfe von massiver Unterstützung und Bevorteilung durch die Sowjetbesatzung (als den „Antifa-Block" anführende Einzelpartei) die Mehrheit der Bevölkerung zu gewinnen. In dieser Phase wurde ein SPD-Angebot zur Vereinigung der Arbeiterpartei abgelehnt und andererseits eine angebliche ideologische Selbständigkeit behauptet. Ackermanns These vom „besonderen deutschen Weg zum Sozialismus" steht für diese Periode.

3. Die Erkenntnis seit den kommunistischen Wahlniederlagen in Österreich und Ungarn, daß die Macht alleine nicht zu erringen sei, zumal die von Moskau unabhängige SPD größere Sympathien der Bevölkerung genoß, und der Kurswechsel in Sachen gemeinsamer Arbeiterpartei. Die nun zögernden Sozialdemokraten werden gegen das Votum Kurt Schumachers (vgl. dazu Huster u.a., Determinanten der westdeutschen Restauration 1945–1949, Ffm. 1972, S. 144 f.) oder der Westberliner SPD – Mitgliederbefragungen in der Ostzone verbieten die Sowjets – durch Einschüchterungen und Lockungen zur Fusion gebracht. Pieck und Grotewohl gründen am 21.4.46 die SED.

4. Die Stalinisierung der SED im Sinne des demokratischen Zentralismus mit Politbüro und Kontrollkommission, welche die Partei Zug um Zug von „Rechtsabweichlern", meist früheren SPD-Mitgliedern, säubert.

5. Die praktische Folgerung aus der Einsicht, daß die Bevölkerungsmehrheit eine solche Politik in freien Wahlen niemals sanktionieren werde. Während in halbfreien Kommunal- und Landtagswahlen die SED immerhin noch 47,5% der Stimmen erhält, wird ein solches Experiment später erst gar nicht mehr riskiert. Einheitsliste und „Nationale Front" bei Kandidatenfestlegung durch die SED sorgen für Traumergebnisse von 99% Ja-Stimmen, welche die Wahlen zu Bestätigungsveranstaltungen degradieren.

Unterrichtsschritt 3:
Ergänzung und Strukturierung
der Ergebnisse

Das Schülerreferat wird durch den Kurs bzw. den Lehrer ergänzt und strukturiert. Evtl. empfiehlt es sich auch, erst jetzt die Ergebnisfixierung an der Tafel (linke Seite) vorzunehmen. Zur Veranschaulichung von Punkt 5 (im U'schritt 2) könnten zwei Quellen lediglich verlesen werden. Sie brauchen eigentlich nicht mehr interpretiert zu werden, da sie für sich selbst sprechen.

1. Ergebnisse zu den Volkskammerwahlen
   Ja-Stimmen 1950: 99,72%
                1954: 99,46%
                1958: 99,87%
                1963: 99,95%
                1967: 99,93%
                1971: 99,25%
                1976: 99,86%
2. Stellungnahme des „Neuen Deutschland" zur Verteidigung der Einheitsliste (G./S. 26f. – es genügen Absatz 1 und 3).

Unterrichtsschritt 4:
Typologie der Sowjetisierung

Um anzudeuten, daß das Vorgehen der Kommunisten in der SBZ im wesentlichen Verlauf keinen singulären Charakter besitzt, verweist der Lehrer auf ein 6-Phasen-Schema, nach dem sich die Sowjetisierung in Moskaus Satellitenstaaten vollzogen hat (dtv-atlas, Bd. 2, S. 231; falls dieser nicht eingeführt ist, muß das Schema dem Kurs hektographiert zur Verfügung gestellt werden):

1. Komm. Minderheiten fassen nat. Widerstandsgruppen in „patriot. Fronten" zusammen, die nach der Besetzung durch die Rote Armee gestützt werden.
2. Einsetzung „provisor. Reg."; in Moskau geschulte Exilkommunisten erhalten Schlüsselstellungen in Staat und KP.
3. Bildung von Koalitions-Reg. mit bürgerl. Spitze nach relativ freien Wahlen: die KP sichert sich das Innenministerium und verfügt damit über die Polizeigewalt. Beginn des Wiederaufbaus: populäre Bodenreformen, Verstaatlichung der Industrie.
4. Ausschaltung bürgerl. Parlamentsmehrheiten durch Terror, Verleumdung, Nötigung, Anklage bürgerl. Politiker; Bildung sozialistischer Einheitsparteien unter komm. Führung, „Blockpolitik" und neue Koalitions-Reg. mit „Mitläufer-Parteien", Ausschaltung von Oppositionsführern (von denen einige ins westl. Ausland fliehen).
5. Bildung komm. Reg., die mit Hilfe von Einheitslisten durch gelenkte Volkswahlen bestätigt werden. Kirchenverfolgung und innere Säuberung der KP: Schauprozesse gegen „Abweichler" (Titoisten u. a.).
6. Volksdemokrat. Angleichung an das sowjet. Muster: Kollektivierung der Landwirtschaft, überregionale Wirtschaftspläne und Militärkommandos.

Die Erläuterung dieser Typologie bereitet die Hausaufgabe vor.

Hausaufgabe

Ordnen Sie einzelne Ereignisse und Maßnahmen der SBZ stichpunktartig der vorgegebenen Typologie zu!

5. Stunde:
Der Weg zum Weststaat

Zur didaktischen Funktion

Die Akzente der 5. Stunde liegen einerseits auf den vielfältigen Ereignissen, die den Weg zu einem Weststaat markieren, andererseits auf deren weltpolitischen Ursachen. Der sich verschärfende Ost-West-Konflikt erweist sich nämlich immer deutlicher als Motor alliierter deutschlandpolitischer Aktivitäten. Es ist in diesem Zusammenhang wichtig, den Schülern die Erkenntnis zu vermitteln, daß es bei diesen Initiativen gar nicht primär um Deutschland ging, sondern daß dieses allenfalls ein Objekt oder Faustpfand im kalten Krieg der Groß- bzw. Supermächte darstellte.

Damit treten im ersten Teil der Stunde weitgehend außerdeutsche Phänomene ins Blickfeld, deren ausreichende Würdigung jedoch unerläßlich ist als Basis eines angemessenen Verständnisses der Problematik. Insofern scheint es überlegenswert, ob man nicht über die knappe einstündige Kalkulation des vorliegenden Stundenentwurfs hinausgehen sollte, um – wie im Unterrichtsschritt 2 angeregt – bereits Lernziele der Reihe „Internationale Beziehungen nach 1945" zu erreichen. Es hätte dies den zusätzlichen Vorteil, daß man bei einem auf zwei Stunden erweiterten Rahmen noch Raum findet für ein Unterrichtsbeispiel über historiographische Kontroversen und die Chancen oder möglicherweise verpaßten Gelegenheiten einer Wiedervereinigung. Dies könnte z.B. dadurch geschehen, daß man die Standpunkte Sethes (in: Krautkrämer, 34–36) und Vogelsangs (38–40) zur Moskauer Außenministerkonferenz von 1947 vorträgt bzw. gemeinsam erörtert. Für die Behandlung ließe sich anführen, daß damit der Eindruck eines quasi zwangsläufigen Weges zum Weststaat zumindest gemildert wird.

Im übrigen wirft die große Stoffülle einige Probleme auf. Die Lösung liegt hier z.T. in mehreren durch Textauszüge illustrierten Lehrervorträgen bzw. in einer gemeinsamen Lektüre des jeweiligen Lehrbuchs. Während viele Sachverhalte also nicht erarbeitet werden, sollte immerhin die Bedeutung der wichtigsten Ereignisse im Unterricht diskutiert werden. Zur Vorbereitung und zum Einsatz im Unterricht eignen sich folgende Werke besonders:
- L. D. Clay, Entscheidung in Deutschland, Frankfurt/M. 1950
- T. Pünder, Das bizonale Interregnum, Waiblingen 1966
- P. Noack, Die deutsche Nachkriegszeit, München/Wien ²1973 (TB)
- Wirtschaft in Westdeutschland 1945 bis 1948. Rekonstruktion und Wachstumsbedingungen in der amerikanischen und britischen Zone, Stuttgart 1975
- E. Schmidt, Die verhinderte Neuordnung 1945–1952. Zur Auseinandersetzung um die Demokratisierung der Wirtschaft in den westlichen Besatzungszonen und der Bundesrepublik Deutschland, Frankfurt/M. 1970
- E.-H. Huster u. a., Determinanten der westdeutschen Restauration 1945–1949, Frankfurt/M. ²1973

- W. Treue/K. Schrader, Die Demontagepolitik der Westmächte nach dem Zweiten Weltkrieg, Göttingen 1967
- F. Grube/G. Richter, Die Schwarzmarktzeit – Deutschland zwischen 1945 und 1948, Hamburg 1979

Ziele der Stunde

Die Schüler kennen
- Inhalt und Wirkung von Truman-Doktrin und Marshall-Plan;
- die Versorgungslage in Deutschland in den Jahren 1946/47 und die daraus resultierenden Handlungszwänge;
- die wichtigsten Deutschland betreffenden Ereignisabläufe zwischen 1946 und 1949.

Die Schüler erkennen
- die Bedeutung des kalten Krieges für die alliierte Deutschland-Politik;
- die weiterreichenden Folgen von Zonenzusammenlegung, Währungsreform und Berliner Blockade.

Die Schüler beurteilen
- die ideologische Auseinandersetzung zwischen Ost und West am Beispiel von Truman-Doktrin und Marshall-Plan.

Die Schüler erarbeiten
- (anhand einer Zeittafel) die wichtigsten weltpolitischen Ereignisse zwischen 1945 und 1950, die das Kräfteverhältnis zwischen kommunistischen und nichtkommunistischen Staaten verschoben haben.

Verlaufsskizze

Unterrichtsschritt 1:
Machtverschiebung zugunsten des Kommunismus

Die Typologie der Sowjetisierung, die im Zuge der Auswertung der Hausaufgabe nochmals anklingt, rückt entscheidende politische Gegebenheiten globalen Ausmaßes der unmittelbaren Nachkriegszeit ins Blickfeld. Die Entwicklung in Deutschland zwischen 1946 und 1949 wurde maßgeblich bestimmt durch sich verändernde weltpolitische Konstellationen bzw. die Reaktionen der Großmächte darauf. Zu den wichtigsten dieser Veränderungen gehörte ein weltweiter Machtgewinn des Kommunismus, ausgelöst teils durch nationale Befreiungsbewegungen, teils durch massive Unterstützung bzw. militärischen Druck der Sowjetunion. Bis Mitte 1948 erreichte somit Rußland die fast völlige Sowjetisierung Osteuropas.

Ungarn, Bulgarien, Polen, Rumänien, Albanien und die Tschechoslowakei wurden volksdemokratische Satellitenstaaten. Finnland wurde zur wohlwollenden Neutralität gezwungen, und lediglich Jugoslawien gelang es seit 1948, sich der sowjetischen Einverleibung zu entziehen. Des weiteren erfolgte der russische Versuch einer Einflußnahme in Griechenland, wo Stalin auf westlichen Druck hin allerdings die KP preisgab, sowie in Nordpersien und der Türkei, welche erst durch energische Maßnahmen der Engländer bzw. Amerikaner abgewendet werden konnten. Gleichzeitig gewannen Kommunisten auch in Asien an Boden. 1948 wurde Nordkorea Volksrepublik, 1949 eroberten Maos Truppen Nanking und gingen nach Süden vor. In Peking wurde die Volksrepublik China ausgerufen. Mit beiden Staaten schloß Moskau fast unverzüglich Freundschaftsabkommen und demonstrierte so angesichts einer kapitalistisch motivierten Gegnerschaft des Westens – so verhinderten z. B. die USA durch ein Veto die Aufnahme der VR China in die UNO – internationale Solidarität. Die erfolgreiche Zündung der ersten russischen Atombombe am 25. 9. 49 dokumentierte darüber hinaus, daß die Sowjetunion zur Supermacht geworden war.

Welches Ausmaß und welche Bedeutung die globalen machtpolitischen Entwicklungen in den ersten Jahren seit 1945 besaßen, wird den Schülern durch folgenden Arbeitsauftrag deutlich gemacht. In drei Gruppen (für die Bereiche „Osteuropa", „Griechenland und Naher Osten" und „Asien") notieren sie stichwortartig anhand des dtv-Atlasses (oder einer Zeitleiste im jeweiligen Schulbuch) die Konflikte, Krisen oder Regierungswechsel, die eine Machtverschiebung im Verhältnis zwischen kommunistischen und nichtkommunistischen Staaten bewirkten oder zum Ziel hatten. Die Ergebnisse werden dann vorgetragen und an der Tafel systematisiert (s. linke Spalte der Strukturskizze).

Unterrichtsschritt 2:
Westliche Reaktion

Die Einsicht, daß solche Veränderungen des politischen Kräfteverhältnisses vermutlich Gegenreaktionen nach sich ziehen, dürfte für die Schüler auf die entsprechende Frage hin leicht zu gewinnen sein. Und von hier aus lassen sich Truman-Doktrin (WdP 258; Bodensieck III, 51) und Marshall-Plan (ZuM 379) begründen und erläutern (Tafelanschrieb mittlere Spalte). Dies geschieht in einem kurzen Lehrervortrag etwa folgenden Inhalts: Eine solche Verschiebung der Machtverhältnisse zugunsten von Staaten mit kommunistischer Gesellschaftsordnung alarmierte die Westmächte, insbesondere die USA. Es begann der sog. kalte Krieg, der für fast zwei Jahrzehnte das politische Klima zwischen Ost und West bestimmte. Ausdruck einer Neukonzeption amerikanischer Politik war im Jahre 1947 die Truman-Doktrin, in der allen Staaten zur Wahrung ihrer Unabhängigkeit gegen militante Minderheiten oder militärischen Druck von außen Unterstützung zugesagt wurde.

Welch deutlicher Bruch zur vorherigen Annäherungspolitik hier vollzogen wurde, macht ein Brief Trumans an Byrnes deutlich (WdP 256; Zweimal 18), dessen Lektüre und anschließende Kommentierung anzuraten ist, da er einerseits in seiner drastischen Diktion sehr anschaulich wirkt, andererseits aktuelle Parallelen zur Afghanistan-Krise ermöglicht.

An dieser Stelle ist ein Lehrerhinweis angebracht, der vor der Annahme einer allzu simplen Kausalität bewahrt. Sicherlich haben russische Aktivitäten im strategischen Vorfeld der UdSSR westliche Reaktionen herausgefordert. In gleichem Maß wirkten diese aber wiederum auf russische Initiativen zurück, so daß z. B. die beschleunigte Sowjetisierung Osteuropas erst nach der Truman-Doktrin einsetzt.

Der kurz nach der Truman-Doktrin verkündete Wirtschafts- und Finanzhilfeplan für den Wiederaufbau Europas (Marshall-Plan) bekundet Amerikas Bemühen, der ideologischen Offensive des Ostens ökonomisch zu begegnen. Von den insgesamt 14,7 Mrd. Dollar, die teils als Darlehen, teils als Geschenk nach Europa flossen, erhielten Großbritannien 3,6, Frankreich 3,1, Italien 1,6, Benelux 1,6, Griechenland 0,8, Österreich 0,8 und Westdeutschland 1,5 Mrd. Der SBZ wie dem russisch beeinflußten Osteuropa war die Annahme dieser Gelder untersagt, da die Sowjetunion in ihnen – wohl nicht ganz zu Unrecht – ein Mittel des ideologischen Kampfes sah.

Ergänzung:
Reizvoll wäre an dieser Stelle ein Textvergleich zwischen Reden des US-Außenministers Marshall (5. 6. 47, in: Krautkrämer 42 f.) und des russischen Spitzenfunktionärs Shdanow (1. 10. 47, in: ZuM, 380–82 – kürzen!) oder Malenkow (Sept. 1947, in: Bodensieck III, 30 ff.). Ein solcher Vergleich ist insbesondere dann sinnvoll, wenn über die Unterrichtsreihe hinaus hier bereits Lernziele verwirklicht werden sollen, die das Thema „Internationale Beziehungen nach dem 2. Weltkrieg" betreffen. Die Konsequenz wäre allerdings, daß gerade bei der terminologischen Schwierigkeit einiger Quellen für die Behandlung dieses Problems genügend Zeit erübrigt wird, wodurch die Sequenz zumindest eine Stunde länger wird.

Unterrichtsschritt 3:
Versorgungssituation in Deutschland

In diesem Stundenteil gibt der Lehrer folgende Information:
Die Frage nach den Auswirkungen des kalten Krieges auf Deutschland leitet über zur Lage in den Besatzungszonen. Wo rivalisierende Blöcke um Einflußsphären stritten, mußten ehemalige Gegnerschaften verblassen. Daß auch Deutschland mit seinen Westzonen ins ERP-Projekt (European Recovery Program) einbezogen wurde, zeigt, wie die Stellung der Deutschen im Ost-West-Konflikt bereits deutlich aufgewertet worden war.
Von einigem Einfluß für diese Entscheidung waren aber sicherlich auch alarmierende Berichte über die katastrophalen Lebensbedingungen in Deutschland, welche die Alliierten zum Eingreifen zwangen. Hier informiert der Lehrer über die wichtigsten Details. Um den völligen Zusammenbruch der Versorgung in ihren Zonen zu verhindern – noch 1949 kam es in der britischen Zone zu einer Hungerrevolte –, hatten sich nämlich Amerikaner und Engländer genötigt gesehen, immer wieder eigene Mittel zu verwenden, was insbesondere bei englischen Steuerzahlern für einigen politischen Wirbel sorgte. Eine ökonomische Lösung für Deutschland, die nur in einem Wiederaufbau seiner Wirtschaft und in einem vergrößerten Wirtschaftsgebiet bestehen konnte, war also dringend geboten. Es wird empfohlen, diesen Situationsbericht durch Aussagen von Augenzeugen zu konkretisieren, z. B.:
H. Schlange-Schöningen, Im Schatten des Hungers, Hamburg 1958 (Auszüge in: Info 157, S. 9–11, 22). Aussagekräftig ist auch die darin enthaltene Durchschnittskalorienzahl, die z. B. im letzten Quartal 1946 oder im ersten 1947 in der – noch relativ gut versorgten – US-Zone 1550–1560 pro Tag betrug. Welch ungeliebte finanzielle Bürde Amerikanern und Engländern mit der Verwaltung der Besatzungszonen auferlegt wurde, erläu-

tert z.B. der Bericht der Hoover-Kommission vom Frühjahr 1947 (WdP 265).

Unterrichtsschritt 4:
Ereignisabläufe:
September 1946 bis April 1949

Nachdem somit die grundlegenden Voraussetzungen alliierter Aktivitäten geklärt sind, lassen sich die wichtigsten Ereignisse in ihrer chronologischen Reihenfolge abrufen.

Sollte genügend Zeit zur Verfügung stehen, bietet sich zur Veranschaulichung des atmosphärischen Wandels, der nun die amerikanische Politik bestimmte, ein Vergleich der Stuttgarter Reden von General Clay (17.10.45, in: GdG 334 ff.) und Außenminister Byrnes (6.9.46, in: Krautkrämer 32–34, ergänzend: Bodensieck I, 29/WdP 264 weniger geeignet: ZuM 378 f.) an. Ansonsten lassen sich die bedeutsamsten Ereignisse in aller Kürze jeweils als Folge vorheriger Handlungen entwickeln. Um Zeit zu sparen, kann man auch von einer gemeinsamen Lektüre mit dem jeweiligen Oberstufenbuch in der Klasse ausgehen.

Dabei werden dann die wichtigsten Fakten nochmals hervorgehoben, gemeinsam erläutert und an der Tafel fixiert (rechte Spalte). Besonderen Nachdruck sollte auf das Zusammenwachsen der Westzonen, die Währungsreform und die Blockade gelegt werden, deren Auswirkungen zu erörtern sind. Anzusprechen sind folgende Sachverhalte: Mit der ökonomischen Aufwertung Deutschlands einher ging im Zuge des kalten Krieges auch eine politische. Die Richtungswendung amerikanischer Politik hatte Außenminister Byrnes bereits am 6. September 1946 in Stuttgart bekanntgegeben, als er sich öffentlich vom Ziel einer Zerstückelung Deutschlands distanzierte, statt dessen die Wirtschaftseinheit forderte und die Selbstregierung der Deutschen in Aussicht stellte. Allerdings bereitete diese Rede auch auf die vorläufige Spaltung vor. Praktische Auswirkungen hatte dieser Kurswechsel durch die Bildung von sechs amerikanisch-englischen Zentralstellen und schließlich der Bizone, die am 1. Januar 1947 wirksam wurde. Das Scheitern der Außenministerkonferenzen von Moskau und London, die den Ost-West-Gegensatz verschärften und keine Lösung für das Deutschland-Problem brachten, führte zu einem engeren Zusammenrücken der drei Westmächte. Ihre Außenminister empfahlen denn auch die wirtschaftliche Zusammenarbeit der Zonen.

Eine weitere Frontstellung zum Osten kam darin zum Ausdruck, daß die USA die durch Demontage gewonnenen Reparationslieferungen an Rußland aus ihrer Zone einstellten. Als schließlich die Sowjets unter Protest wegen der Londoner Sechsmächte-Konferenz den Kontrollrat verließen, war der letzte Rest alliierter Gemeinsamkeit in der Deutschland-Politik geschwunden. Die drei Monate später stattfindende separate Währungsreform in den drei Westzonen am 20.6.48 war nur die logische Konsequenz einer Spaltung, auf die sich die Großmächte insgeheim bereits eingestellt hatten. Gemeinsam mit den ERP-Krediten leitete diese geldpolitische Maßnahme die wirtschaftliche Gesundung Deutschlands ein. Sie war unerläßlich geworden, da die Mark inzwischen ihre Kaufkraft fast völlig verloren hatte und einer inoffiziellen Zigaretten- bzw. Schwarzmarktwährung gewichen war. Nun erhielt jeder Bewohner der Westzonen ein Kopfgeld von 60 DM gegen alte RM-Noten. Sparguthaben wurden zu 6,5% angerechnet. Wenn auch die Besatzer den deutschen Vorschlag nach einer gerechten Verteilung der Kriegslasten im Rahmen dieser Währungsreform ausschlugen und somit Besitzer von Sachwerten und Produktionsmitteln unverhältnismäßig stark begünstigten, so war diese Reform jedoch zumindest wirtschaftspolitisch ein durchschlagender Erfolg.

Gleichzeitig vertiefte diese Aktion aber auch die Trennung Deutschlands, denn die Russen beantworteten die westliche drei Tage später mit einer östlichen Währungsreform, die auch in ganz Berlin gelten sollte. Als die Westalliierten das für ihre Sektoren untersagten, blockierten die Sowjets die Zufahrtswege nach Berlin, um die Stadt wirtschaftlich zum Anschluß zu zwingen (24.6.48 bis 12.5.49; erste Störungen bereits seit 1.4.48). Dies wiederum hatte eine alliierte Luftbrücke zur Folge, wodurch die Versorgung der Berliner Bevölkerung sichergestellt werden konnte. Die sowjetische Maßnahme erwies sich dabei in mehrfacher Hinsicht als Fehlschlag:

- Der Versuch, die Berliner Bevölkerung einzuschüchtern, mißlang. Im Gegenteil bildete sich so etwas wie das Bewußtsein einer Frontstadt der Freiheit.
- Die Uneinigkeit unter den Siegern war weltweit manifest geworden. Aus Verbündeten wurden Gegner, aus Besatzern Schutzmächte. Dieses Bewußtsein hatte wesentlichen Einfluß auf die Haltung der Deutschen gegenüber den Alliierten.
- Moskau erlitt – wie sich schon bald bei Wahlen zeigen sollte – mit dieser Politik der Drohungen propagandistisch eine schwere Schlappe. Auch dort, wo der Antikommunismus nicht traditionell verankert war, konnte man jetzt jederzeit auf die aggressive Berlin-Politik verweisen, um sowjetische Expansionsgelüste zu beschwören. Die relativ problemlose Westorientierung der Deutschen nach dem 2. Weltkrieg dürfte auch hier ihre Ursachen haben (vgl. Kap. 7).
- Und schließlich hatten die gemeinsamen Bemühungen zur Wahrung des politischen Besitzstandes dazu geführt, daß auch die Franzosen ihre Furcht vor Zentralisierungen in Deutschland zurückdrängten und einer Vereinigung zustimmten. Die Errichtung der Trizone (8.4.49) wurde hierdurch zumindest beschleunigt.

Hausaufgabe

Notieren Sie (aus dem dtv-atlas oder Ihrem Schulbuch [z.B. WdP 235f. oder Grundriß 290f.]) in Stichworten die wichtigsten Ereignisse bis zur Staatsgründung in den Westzonen und der SBZ!

6. Stunde:
Die Gründung zweier deutscher Staaten

Zur didaktischen Funktion

Die 6. Stunde erörtert die Spaltung Deutschlands, die sich als Konsequenz des verschärften Ost-West-Gegensatzes ergab. Angesprochen sind damit die Jahre 1946–49. Die Chronologie der Ereignisse – von den Frankfurter Dokumenten bis zur Kanzlerwahl, vom SED-Verfassungsentwurf bis zur Gründung der DDR – weist auf ein (wechselseitig geringfügig phasenverschobenes) paralleles Vorgehen beider Machtblöcke hin. Die Frage nach der Handlungspriorität, gestellt als Schuldfrage für die Teilung Deutschlands, trifft somit weitgehend offiziell-propagandistische Aspekte des Problems. Der politische Anteil, der dabei den Deutschen in Ost und West zugeschrieben werden kann, ist im ganzen gesehen gering, wenngleich mehr oder weniger gutgemeinte Versuche (z.B. die Münchener Ministerpräsidentenkonferenz) nicht ausblieben. Auf diese beiden Erkenntnisse ist im Unterricht vor allem hinzuarbeiten, wobei die einzelnen Ereignisse in ihrem zeitlichen Ablauf als Ausgangspunkt der Betrachtung dienen.

Ein weiterer Schwerpunkt liegt in der zu vermittelnden Einsicht, daß den damals Verantwortung tragenden deutschen Politikern die Problematik einer separaten Staatsgründung durchaus bewußt war, im Gegensatz zur westdeutschen Öffentlichkeit der folgenden Jahre, als sie „unter dem Eindruck des kaum erwarteten raschen Wiederaufbaus (...) und der sich schnell festigenden Position der Bundesrepublik (...) z.T. verdrängt, z.T. verschleiert" wurde (A. Hillgruber, Deutsche Geschichte 1945–1975, Ffm. ²1978, S. 46). Der Bonner Verzicht auf die Bezeichnung „Verfassung" oder die beiderseitigen konstitutionellen Festlegungen auf ein wiederzuvereinigendes Deutschland sind zumindest verbale Reflexe dieser Situation.

Da es im Vergleich zu den beiden vorherigen Stunden noch weniger um Einzelheiten des Geschehens als um die aus ihnen gezogenen Schlußfolgerungen geht, können die Fakten weitgehend (anhand der jeweiligen Lehrbücher) in häuslicher Arbeit zusammengetragen werden. Es ist wichtig, daß für die Sicherung dieser Ergebnisse im ersten Teil der Stunde nicht allzuviel Zeit verlorengeht, da sonst die Auswertung zwangsläufig zu kurz kommt.

Weiterführende Literatur:

H. A. Winkler (Hg.), Politische Weichenstellungen im Nachkriegsdeutschland 1945 bis 1953, Göttingen 1979

Vorgeschichte und Anfänge der Bundesrepublik Deutschland. Sozialwissenschaftliche Informationen für Unterricht und Studium 3/1977, Stuttgart (Klett) 1977

Westdeutschlands Weg zur Bundesrepublik 1945–1949. Beiträge von Mitarbeitern des Instituts für Zeitgeschichte, München 1976

Ziele der Stunde

Die Schüler erarbeiten
– (als Hausaufgabe zu dieser Stunde, die im Unterricht ergänzt wird) anhand ihres Lehrbuchs eine Chronologie der Ereignisse und stellen die Abläufe in der SBZ und den Westzonen in einer Synopse gegenüber.

Die Schüler kennen
– die wichtigsten Abläufe in Ost- und Westdeutschland bis zur jeweiligen Staatsgründung;
– den Verlauf der Münchener Ministerpräsidentenkonferenz.

Die Schüler erkennen,
– daß die (offiziellen) Geschehnisse, die zur deutschen Teilung führten, weitgehend parallel verliefen, wobei die DDR allerdings häufig „nachzog";
– daß die Spaltung primär von Interessen bzw. Gegensätzen der Großmächte bestimmt wurde;
– daß deutsche Einwirkungsmöglichkeiten in diesen Prozeß äußerst beschränkt waren;
– daß dennoch deutsche Politiker – in vollem Bewußtsein der langfristigen Problematik einer Separatlösung – (erfolglose) Versuche unternahmen, der Teilung entgegenzuwirken;
– daß beide Seiten trotz der faktisch eingetretenen Spaltung an der Vorstellung eines zu vereinigenden Gesamtdeutschlands festhielten;
– daß Begriffe wie „Parlamentarischer Rat" oder „Grundgesetz" den Provisoriumscharakter der Verfassung ausdrücken sollten;
– daß die Weststaatlösung aber letztlich nicht gegen den Willen der Betroffenen vollzogen wurde.

Die Schüler beurteilen
– den faktischen wie propagandistischen Wert chronologischer Betrachtung im Zusammenhang mit den Ereignissen vor der jeweiligen Staatsgründung.

Verlaufsskizze

Unterrichtsschritt 1:
Abläufe in den Westzonen bis zur Staatsgründung

Eine kurze Wiederholung des letzten Teils der vorherigen Stunde erbringt das Ergebnis, daß in den Westzonen eine Tendenz zur selbständigen Staatsgründung erkennbar wird, dessen Konstituierung im Interesse der Westmächte liegen mußte. Von hier aus schließt sich eine relativ kurze Besprechung des Geschehnisablaufs von Juli 1948 bis September 1949 an (Frankfurter Dokumente / Parlamentarischer Rat / Inkrafttreten des Grundgesetzes / Bundestags-, Kanzler- und Präsidentenwahl / Besatzungsstatut). Die Informationen werden als Auswertung der Hausaufgabe von den Schülern gegeben, vom Lehrer an der Tafel fixiert (linke Spalte des Tafelbilds). Dabei ist auf das Einhalten der Abstände besonders zu achten, da nur so chronologische Zusammenhänge graphisch sichtbar werden.

Unterrichtsschritt 2:
Auswertung der Hausaufgabe:
Abläufe in der SBZ

Das gleiche geschieht mit der Ereigniskette bezüglich der Staatwerdung der Ostzone. Hier geht es vor allem um den 2. Volkskongreß, die Wahlen vom 15. Mai 1949, die Genehmigung der Verfassung am 30. Mai und die Proklamation der DDR am 7. 10. 1949. Auch diese Ereignisse werden von den Schülern genannt und ohne Diskussion an die Tafel geschrieben. Sollte es aufgrund der jeweiligen Schulbücher, die den Schülern zur Vorbereitung der Synopse zur Verfügung standen, notwendig erscheinen, so ergänzt der Lehrer die Fakten, wobei im übrigen nicht sklavisch vom vorgeschlagenen Tafelbild auszugehen ist. Um Zeit zu sparen, ließe sich ansonsten die Gegenüberstellung den Schülern hektographiert aushändigen oder als Folie an die Wand projizieren. Kommt es ja hier nicht so sehr auf jedes einzelne Ereignis denn auf die Rekonstruktion der zeitlichen Abfolge an.

Unterrichtsschritt 3:
Auswertung der Synopse

Nachdem die Gegenüberstellung der jeweiligen Entwicklung nun abgeschlossen ist, überläßt der Lehrer den Schülern die Auswertung zunächst ohne weiteren Kommentar. Sollten sich über die Feststellung einer weitgehenden Parallelität von Ereignissen hinaus keine befriedigenden Erkenntnisse einstellen, kann direkt danach gefragt werden, welche Seite denn mit der staatlichen Spaltung begonnen habe. Hier werden sich möglicherweise verschiedene Ansichten zeigen. Man könnte den frühen SED-Verfassungsentwurf vom Dezember 1946 und die ersten beiden Volkskongresse gegen das Inkrafttreten des Grundgesetzes bzw. die bundesrepublikanischen Kanzler- und Präsidentenwahlen ins Spiel bringen. Nimmt man noch die wirtschaftspolitischen Tatbestände hinzu, so ergibt sich, daß „vielfach im Westen Deutschlands der erste Schritt getan wurde und der Osten die westlichen Maßnahmen für seinen Bereich nur ‚nachzuäffen' brauchte" (S. Rothstein, Gab es eine Alternative?, Beil. z. Parlament B 20/69, 17.5.69, S. 53).

Daß solche Diskussionen um Prioritäten, die zugleich in Schuldvorwürfe hinsichtlich der Teilung einmünden, auch auf politischer und historiographischer Ebene erfolgten, wird den Schülern durch einen Text des DDR-Historikers Jürgen Kuczynski erläutert (Arbeitsblatt Nr. 1), der verlesen wird (weitere Stellungnahmen zur Schuldfrage aus DDR-Sicht vgl. z.B. Badstübner, R./S. Thomas, Die Spaltung Deutschlands 1945 bis 1949, Berlin/Ost 1966, S. 429ff., in: PW 21 f.; H. Axen, Die Herausbildung der sozialistischen Nation in der Deutschen Demokratischen Republik, in: Texte zur Deutschlandpolitik, hrsg. vom Bundesministerium für innerdeutsche Beziehungen, Reihe II, Bd. 4, 1978, S. 147 ff.). Die Diskussion dieser Aussage sollte zur Erkenntnis führen, daß die eigentlichen Ursachen für die Spaltung jenseits der Betrachtung offizieller Chronologien in den grundlegenden ideologischen und machtpolitischen Differenzen zu finden sind.

Unterrichtsschritt 4:
Anteil der Deutschen an der Spaltung

Darauf stellt man die Frage, welchen Anteil nun die Deutschen in Ost und West am Geschehen gehabt haben dürften. Eine erste Antwort ergibt sich immanent als kurze Wiederholung der 3. Stunde. Die Konstatierung weitgehender Einflußlosigkeit relativiert der Lehrer allerdings zunächst einmal durch den Hinweis, daß es immerhin Versuche gegeben habe, gesamtdeutsche Verbundenheit zu realisieren. In einem kurzen Lehrervortrag wird die Problematik der Münchener Ministerpräsidentenkonferenz vom Juni 1947 dargelegt (alliierte Auflagen, ideologische Differenzen, persönliche Mißhelligkeiten).

Falls noch Zeit verbleibt, ließen sich hier einige Quellentexte einsetzen, z. B. Krautkrämer 36–40, bes. der Bericht Pauls; dazu WdP 265–67.

Gerade an diesem Beispiel läßt sich jedoch ebensogut nachweisen, wie gering letztlich der Spielraum für tatsächliche gesamtdeutsche Initiativen war. Dabei war trotz mancher weltanschaulicher Gegensätze bei deutschen Politikern der Wille zur Einheit noch so stark, daß er von den Alliierten nicht völlig übergangen werden konnte, ja, daß dieses nationale Grundbedürfnis sich im kalten Krieg sogar propagandistisch ausbeuten ließ. Von beidem geben die jeweiligen Verfassungen (in Präambel bzw. Art. 1) deutlich Auskunft. Den Schülern werden die entsprechenden Quellenausschnitte auf einem Arbeitsblatt (Text Nr. 2a, b) zugänglich gemacht.

Unterrichtsschritt 5:
Bedenken in den Westzonen gegen eine Separatlösung

Gleichermaßen im gesamtdeutschen Sinne sind die Skrupel zu bewerten, die man im Westen im Zusammenhang mit der Ausarbeitung einer Verfassung hegte. Vom Lehrer sollte darauf hingewiesen werden, daß erst der Eindruck der Ereignisse in Berlin (Sprengung der Stadtverordnetenversammlung durch kommunistische Demonstranten im August 1948 und Blockade) und das entschiedene Votum des Oberbürgermeisters Ernst Reuter („Die Spaltung Deutschlands wird nicht geschaffen, sie ist bereits vorhanden." – „Wir... in Berlin und im Osten [können eines] nicht ertragen – das Verbleiben des Westens in seinem bisherigen politisch unentschiedenen Status. Wir sind der Meinung, daß die politische und ökonomische Konsolidierung des Westens eine elementare Voraussetzung... für die Rückkehr... zum gemeinsamen Mutterland ist." – vgl. Bodensieck II 14 ff.) die westdeutschen Ministerpräsidenten für die Idee des Parlamentarischen Rates gewinnen konnten. Die Bedenken, Erfüllungsgehilfen einer Spalterpolitik zu sein, spiegeln sich schließlich in der Vermeidung der Begriffe „Verfassung" und „Nationalversammlung" und in der Ablehnung einer Volksabstimmung über das Grundgesetz. Dies wird abschließend anhand eines Textes von Carlo Schmid expliziert (Text Nr. 3: Warum Parlamentarischer Rat und nicht Nationalversammlung?, in: PuG 206 f. – Zur Einschränkung der in diesem Text gemachten Aussagen ließen sich u. U. noch Stellungnahmen anderer Parteien zum Provisoriumscharakter des Grundgesetzes anführen bzw. resümieren. So beanspruchten CDU und CSU, im Namen des ganzen Volkes ein Staatsgrundgesetz zu schaffen, während die FDP das Provisorische lediglich auf den geographischen bzw. volkspolitischen Rahmen beschränkt wissen wollte. Vgl.

hierzu V. Otto, Das Staatsverständnis des Parlamentarischen Rates, Bonn 1971, S. 49ff.).

Alternative zu U'schritt 5:
Das Zögern westdeutscher Politiker im Bewußtsein, möglicherweise an einer unwiderruflichen Entscheidung beteiligt zu sein, läßt sich auch durch folgende Quellen belegen:
Beschlüsse der Koblenzer Ministerpräsidentenkonferenz vom 8. bis 10. Juli 1948, in: Stammen S. 181ff., Auszug in WdP 276 (evtl. weiter kürzen); dazu u. U.: Clay über die Haltung der deutschen Ministerpräsidenten, in: Krautkrämer 53.

Unterrichtsschritt 6:
Westdeutsche und westalliierte Konvergenzen

Zu diesem Unterrichtsschritt leitet die Frage oder der Vorwurf über, warum man sich im Westen denn überhaupt zur Verfügung gestellt habe, wenn man doch immer wieder erkennen mußte, daß eigentlich nur alliierte Politik gemacht wurde. Die Antwort muß notfalls als Lehrervortrag gegeben werden: Mögen den Ministerpräsidenten gesamtdeutsche Initiativen auch weitgehend versagt oder beschränkt worden sein, die positive Entscheidung für einen Weststaat trotz aller Risiken war – aus ökonomischen, ideologischen wie machttaktischen Erwägungen heraus – keineswegs gegen die Mehrheit weder der Politiker noch der Bevölkerung getroffen worden. Schwarz (a.a.O., S. 688) spricht in diesem Zusammenhang von einer „erstaunlich rasch(en) Konvergenz" der außenpolitischen Interessen auf westdeutscher und westalliierter Seite. Dies ist kein Widerspruch zur oben konstatierten Einflußlosigkeit. Nachdem die pragmatische Erkenntnis einer kaum zu verwirklichenden (schnellen) Wiedervereinigung bei den Deutschen Platz gegriffen hatte, ließ der von den Westalliierten gesteckte Rahmen immerhin gewisse Möglichkeiten zur politischen Aktivität.

Hausaufgabe

Lesen Sie die Auszüge aus den Eröffnungsansprachen Adenauers und Schmids im Parlamentarischen Rat (Info Nr. 157, S. 26 – evtl. kann jeweils der erste Absatz wegbleiben), und unterstreichen Sie im Text die (gewünschten) Verfassungsänderungen.

Vorschlag für ein Arbeitsblatt

1 **J. Kuczynski,** So war es wirklich, Berlin/Ost 1969, S. 60f.: „(...) wenn einer die Spaltung will, und es kommt zur Spaltung, dann zieht der, der für die Einheit ist, immer nach. (...) Dieses ‚Nachziehen' ersieht man auch aus dem erst drei Wochen nach der Wahl Adenauers zum Bundeskanzler gefaßten Beschluß des Präsidiums des deutschen Volksrates und des demokratischen Blocks vom 5. Oktober 1949: ‚Zur Wahrung der nationalen Interessen des deutschen Volkes (...) eine verfassungsmäßige Regierung der Deutschen Demokratischen Republik zu schaffen.' (...) Bis zur letzten Minute hatte die Sowjetunion ihr Bestes getan, um die Einheit Deutschlands zu wahren. Bis zur letzten Minute hatten die politischen Parteien in Ostdeutschland, allen voran die Sozialistische Einheitspartei, alles getan, um vor der Spaltung zu warnen, um sie zu verhindern."

2a Das **Bonner Grundgesetz** vom 23. Mai 1949 (Präambel): „(...) von dem Willen beseelt, seine nationale und staatliche Einheit zu wahren (...)"
„Das gesamte Deutsche Volk bleibt aufgefordert, in freier Selbstbestimmung die Einheit und Freiheit Deutschlands zu vollenden."

2b Die Verfassung der **Deutschen Demokratischen Republik** vom 7. Oktober 1949 (Art. 1): „Deutschland ist eine unteilbare demokratische Republik;" „Es gibt nur eine deutsche Staatsangehörigkeit."

3 **Carlo Schmid,** Erste Schritte zu einem demokratischen Gemeinwesen, in: Ost-West-Kurier 14.6.69:
Wäre man auf die alliierte Ermächtigung für eine verfassunggebende Versammlung ohne Vorbehalte eingegangen, dann hätten die Westdeutschen mit dem ganzen legitimierenden Pathos einer Nationalversammlung und eines Plebiszits den restlichen Teil Deutschlands als separaten, im Rahmen des Besatzungsstatus souveränen Staat errichtet, dem gegenüber alle nicht in den drei Westzonen eingefügten Länder (also das Saargebiet, Deutschland östlich der Elbe) völkerrechtlich Ausland geworden wären. Was dies für die Möglichkeit, Deutschland wiederzuvereinigen – die damaligen noch flüssigen Zustände, das Ungeklärte der politischen Interessenlage erlaubten Hoffnungen – bedeutet hätte, liegt auf der Hand. (...)
Ein Grundgesetz sollte genügen, denn jenes Gebilde sollte nur ein Provisorium werden, eine Art Notdach, unter dem die Deutschen in dem Teile Deutschlands, dessen Bevölkerung ihren Willen frei – relativ frei – auszudrücken in der Lage war, für die Übergangszeit, die bis zur Wiederherstellung der Einheit verstreichen würde, sollten unterstehen können.

7. Stunde:
Das Bonner Grundgesetz

Zur didaktischen Funktion

Die 7. Stunde steht in enger Verbindung zur 6., insofern als sie ein dort nur flüchtig angesprochenes Faktum aufgreift und in den Mittelpunkt der Betrachtung stellt. Es geht um das Grundgesetz der Bundesrepublik Deutschland, genauer begrenzt: um einige grundlegende historische Aspekte seiner Entstehung.

Zwar haben einzelne Curricula das Grundgesetz im Zentrum eines Lernfelds angesiedelt, um von hier aus die deutsche Nachkriegsgeschichte als Kontextwissen zu erarbeiten. Die vorliegende Unterrichtseinheit orientiert sich jedoch an anderen Zielsetzungen und setzt notwendigerweise andere Schwerpunkte. Sie geht sogar von gewissen Grundkenntnissen aus, die in der Mittelstufe bzw. im Fach „Politik" gelegt sind, und beschränkt sich im wesentlichen auf zwei spezifisch historische Fragekomplexe:

1. auf die Beziehungen zwischen der Verfassung der Weimarer Republik und dem Grundgesetz (Grundgesetz als Reaktion auf Weimar);

2. auf die Einflüsse der Alliierten auf einzelne Passagen des Grundgesetzes.

Zwangsläufig müssen also bestimmte mit dem Grundgesetz zusammenhängende Problembereiche wie etwa die Sozialstaatsthematik (vgl. z. B. E. Forsthoff [Hg.], Rechtsstaatlichkeit und Sozialstaatlichkeit, Darmstadt 1968 oder: H. Kremendahl/Th. Meyer [Hg.], Sozialismus und Grundgesetz, Kronberg 1974) oder das Demokratie- und Staatsverständnis des Parlamentarischen Rats (vgl. z. B. K. Niclauß, Demokratiegründung in Westdeutschland, München 1974) den umfassenderen Zielsetzungen der Unterrichtssequenz zum Opfer fallen. Auf der anderen Seite sollte die Akzentuierung im Sinne der geschichtlichen Entwicklung dem Interesse der Schüler entgegenkommen, da sie von ausführlicher Institutionenkunde und rechtstechnischen bzw. rechtsphilosophischen oder -soziologischen Erörterungen weitgehend verschont werden.
Bei der Durchführung der Stunde gilt es, die relativ guten didaktischen Voraussetzungen eines z. T. bekannten Stoffs zu nutzen. Es ist daher wichtig, nach der stofflichen Erarbeitung schnell zur Problematisierung überzugehen.
U. U. kann der Schwerpunkt der Stunde – je nach Vorbereitung und Grundwissen der Schüler – ganz auf den zweiten Teil verlagert werden (s. Alternative).

Weiterführende Literatur:

H. Laufer, Der Föderalismus der Bundesrepublik Deutschland, Stuttgart 1974
D. Hesselberger, Das Grundgesetz. Kommentar für die Politische Bildung, Neuwied 1975
U. Mayer/G. Stuby (Hg.), Die Entstehung des Grundgesetzes. Beiträge und Dokumente, Köln 1976
W. Sörgel, Konsensus und Interessen. Eine Studie zur Entstehung des Grundgesetzes für die Bundesrepublik Deutschland, Stuttgart 1969
W. Benz (Hg.), Bewegt von der Hoffnung aller Deutschen – Zur Geschichte des Grundgesetzes, München 1980 (TB)
U. Thaysen, Parlamentarisches Regierungssystem in der Bundesrepublik Deutschland (Landeszentrale für politische Bildung Hamburg), Hamburg 1975
K. H. Walper, Föderalismus, Berlin ²1970

Ziele der Stunde

Die Schüler kennen
– die wesentlichen Unterschiede zwischen dem Grundgesetz und der Weimarer Verfassung;
– wichtige Elemente der föderativen Struktur des Grundgesetzes (Kompetenzen des Bundesrates, konkurrierende Gesetzgebung, Finanzföderalismus);
– Gründe für die Meinungsverschiedenheiten bei der Ausarbeitung der Verfassung zwischen SPD und FDP einerseits und CDU/CSU und den Westalliierten andererseits.

Die Schüler erkennen,
– daß das Grundgesetz eine Reaktion auf die von der Weimarer Verfassung nicht verhinderte NS-Diktatur war;
– daß sich der Parlamentarische Rat gegen das präsidial-plebiszitäre für das repräsentativ-parlamentarische Prinzip entschied;
– daß die Erarbeitung des Grundgesetzes im Rahmen der Auflagen der Frankfurter Dokumente erfolgen mußte und durch das Eingreifen der Westalliierten im föderalistischen Sinne beeinflußt wurde.

Die Schüler erarbeiten
– anhand vorgegebener Artikel des Grundgesetzes dessen föderalistisch-zentralistischen Kompromißcharakter.

Die Schüler beurteilen
– die Verfassungsänderungen gegenüber Weimar als Konsolidierung der Republik;
– [die Vor- und Nachteile des Föderalismus am Beispiel aktueller bundesrepublikanischer Schulpolitik].

Verlaufsskizze

Unterrichtsschritt 1:
Voraussetzungen des Parlamentarischen Rats

Durch die Wiederholung des letzten Teils der vorherigen Stunde, in der das Wiedervereinigungsgebot sowie die terminologischen und substantiellen Vorüberlegungen zum Parlamentarischen Rat angesprochen werden, ist eine Verbindung zum Gegenstand dieser Stunde bereits gegeben. Der Lehrer ergänzt diese Kenntnisse noch durch nähere Informationen über den Einfluß der Westalliierten auf das Zustandekommen der Verfassung, insbesondere durch die Vorgabe der „Frankfurter Dokumente" (vgl. die Zusammenfassung des Inhalts bei Krautkrämer 52f.; WdP 275f. oder: Zweimal 21 – eine Präsentation der Quelle für die Schüler ist nicht erforderlich).

Unterrichtsschritt 2:
Das Grundgesetz als Reaktion
auf Weimar

Zu diesem Unterrichtsschritt leitet die Frage über, warum der Parlamentarische Rat sich nicht wie die Väter der DDR-Konstitution weitgehend von der Weimarer Verfassung habe leiten lassen, wo diese doch einst als die freieste der Welt gepriesen worden sei. Die Schüler werden sicherlich sofort auf deren Schwächen zu sprechen kommen, da diese letztlich auch Hitlers Diktatur nicht verhindert habe. Die Absicht, aus den Fehlern von Weimar zu lernen, kommt darüber hinaus auch in dem von den Schülern vorbereiteten Text zum Ausdruck. Die Ergebnissicherung im Tafelanschrieb (Reihenfolge beliebig; sowohl die vertikale als auch die horizontale Erarbeitung ist sinnvoll) kann dadurch beschleunigt werden, daß vom Lehrer bestimmte Stichworte vorgegeben bzw. angeschrieben werden wie „Instabile Regierungskoalitionen", „Schwache Regierungen", „Dominierende Stellung des Reichspräsidenten" oder „Unzulängliche Sicherung der Verfassung". Die Schüler greifen diese auf, erläutern die Abweichungen des GG von der Weimarer Verfassung und rekapitulieren so den Stoff. (Zur Thematik vgl. vor allem: F. K. Fromme, Von der Weimarer Verfassung zum Bonner Grundgesetz, Tübingen 1960.)

Erweiterung:
Sicherung der Verfassung gegen Extremisten
Beim letzten Teil des Tafelbilds, der die Sicherung der Verfassung betrifft, ergibt sich die Möglichkeit der Problematisierung bzw. Aktualisierung. Es steht zu vermuten, daß die Schüler von sich aus das Stichwort „Radikalenerlaß" in die Debatte werfen. Zu einer kurzen Diskussion, zumindest aber einer Darlegung kontroverser Ansichten sollte in jedem Fall Zeit gegeben werden, selbst wenn dadurch die Einhaltung des geplanten Stundenverlaufs gefährdet erscheint (zum marxistischen Standpunkt vgl. dazu z. B.: U. K. Preuß, Legalität und Pluralismus, Ffm. 1973).

Unterrichtsschritt 3:
Föderalismus als alliierte Auflage

Nachdem die kritische Bezogenheit des Grundgesetzes zur Konstitution von Weimar herausgestellt worden ist, führt ein Kommentar Theo Stammens den Schülern den zweiten grundlegenden historischen Aspekt des Grundgesetzes vor Augen: dessen Abhängigkeit von den politischen Zweckmäßigkeitserwägungen der Westalliierten, insbesondere von Frankreichs aus Sicherheitsdenken erwachsenem Föderalismuskonzept. Der Lehrer kann einen Auszug des Textes verlesen oder den Schülern hektographiert zugänglich machen (Stammen 8f. – es genügt dabei die Kurzfassung der Quelle bei Bodensieck I, 37f.). Die entsprechenden Vorgänge und Kontroversen im Parlamentarischen Rat sollte der Lehrer in einem kurzen Vortrag erläutern, da einerseits die meisten Schulbücher hier nur sehr kursorisch verfahren, andererseits den Schülern verfassungsrechtliche Details ohne pädagogische Vereinfachungen meist nur schwer verständlich werden. Es genügt hervorzuheben, daß der alliierte Föderalismusauftrag von den Parteien sehr unterschiedlich ausgelegt wurde:

– Die SPD forderte „eine zentrale Lenkung bei dezentralisierter Verwaltung", damit „das Ganze nicht durch partikuläre Egoismen gefährdet werde".
– CDU und CSU betonten, die „Länder müßten bei der Bildung des politischen Gesamtwillens im Bund gleichberechtigt mitwirken", nach Meinung einiger sogar „originäre Staatlichkeit" besitzen.
– die Liberalen schließlich vermittelten meist und warnten vor föderalistischen Überspitzungen.

Im einzelnen ging es vor allem um die Stellung des Bundesrates und die Finanzverfassung, wobei Adenauer als Ratspräsident die Alliierten als Schiedsrichter anrief und damit eine schwere Vertrauenskrise schuf. Das wiederholte Eingreifen der Militärgouverneure führte bis zu deren kompromißbereiteren Botschaft vom 22.4.49 zu einer Situation, in der die SPD eine Ablehnung des Grundgesetzes angedroht hatte (vgl. zur kurzen Information: Stammen 168–70; Info 157, S. 26 ff.; ansonsten V. Otto, Das Staatsverständnis des Parlamentarischen Rates, Bonn 1971, bes. S. 115 ff.).

Unterrichtsschritt 4:
Das Grundgesetz als Kompromiß zentralistischer und föderalistischer Prinzipien

Zur vorliegenden Form der Bonner Konstitution leitet die Frage über, welche föderalistischen Elemente denn das Grundgesetz enthalte. Die Schüler werden sicherlich einige Bestimmungen nennen können, wie etwa Aufgliederung in Länder und deren Kulturhoheit oder das Nebeneinander von Bundestag und Bundesrat. Um einige der zentralen Punkte anzusprechen, um welche bei der Ausarbeitung des Grundgesetzes heftig gerungen wurde, erhalten die Schüler den Auftrag, in drei Gruppen einzelne Grundgesetz-Artikel auf föderalistische und zentralistische Elemente hin zu untersuchen und die Frage zu beantworten, wo Kompromisse zwischen beiden Prinzipien erkennbar seien. Diese Untersuchung soll dabei nicht extensiv geführt werden; es geht lediglich um Grundsätzliches.
– Gruppe 1 bearbeitet das Thema „Bundesrat" anhand der Art. 50, 77, 78;
– Gruppe 2 das Problem der legislativen Kompetenzverteilung (konkurrierende Gesetzgebung) anhand von Art. 70–74 (hier kann die Zusatzfrage gestellt werden, wo denn die Kulturhoheit der Länder ihre Gesetzesgrundlage finde – Art. 70 ff. bzw. 79,3 implizit);
– Gruppe 3 die Finanzhoheit anhand der Art. 105 und 106, Abs. 1–3 (hier muß vom Lehrer besonders darauf verwiesen werden, daß es nicht um eine Auflistung von Einzelheiten geht, wie überhaupt der Lehrer während der gesamten zeitlich knapp bemessenen Gruppenarbeit gerade bei dieser Materie ein wenig lenkend eingreifen sollte).

Die Sicherung der Arbeitsergebnisse in Form einer mündlichen Besprechung in der Klasse beendet die Stunde. Herausgestellt werden soll das durchgängig Kompromißhafte, das diese Verfassung – nicht zuletzt aufgrund der o. a. politischen Differenzen – kennzeichnet: ein Bundesrat, dessen Ablehnung ein Gesetz zum Scheitern bringt, dessen Zustimmung aber nicht für alle Gesetze erforderlich ist (zustimmungs- und nicht zustimmungsbedürftige Gesetze), eine Legislativkompetenz, die in Form der ausschließlichen, konkurrierenden und Rahmengesetzgebung sorgsam zwischen Bund und Ländern aufgeteilt ist, eine Finanzverfassung, welche gleicherart einen nicht unkomplizierten Ausgleich herbeizuführen trachtet zwischen den Einnahmen des Bundes und denen der Länder, respektive den entsprechenden Gesetzgebungskompetenzen.

Unterrichtsschritt 5:
Aktualisierung des Föderalismusproblems am Beispiel „Schulpolitik"

Falls noch zur Aktualisierung Zeit verbleiben sollte, ließe sich ansatzweise eine Diskussion über Vor- und Nachteile des Föderalismus am – den Schülern sicherlich geläufigen – Beispiel der Schulpolitik vornehmen: verschiedene Oberstufenmodelle und -curricula, Gesamtschuldiskussion, Anerkennung von Abschlüssen in anderen Ländern etc.

Alternative:
Falls unterstellt werden kann, daß das Thema „Beziehungen der Bonner zur Weimarer Verfassung" bereits anderweitig behandelt worden ist, könnte auf die Unterrichtsschritte 2 und 3 verzichtet werden und statt dessen stärker auf die Auseinander-

setzungen um die Verfassung eingegangen werden. Hier sollte dann ein Arbeitsblatt angefertigt werden, das neben Textauszügen von V. Otto (S. 115ff.) einen Text über den Finanzföderalismus enthält (Krautkrämer 51f.). Evtl. ließe sich auch noch ein stark gekürzter Auszug aus dem Genehmigungsschreiben der Hohen Kommissare (GdG 337f.) ansprechen.

Hausaufgabe:

(Einteilung in 6 Gruppen, die jeweils andere Textvorlagen erhalten [wo nicht ausdrücklich bezeichnet, sind die Texte aus Stammen]).
Aufgabe: Lesen Sie das jeweilige Programm Ihrer Gruppe, und unterstreichen Sie die wichtigsten konkreten Forderungen!
G1: Kölner Leitsätze 1–10 (S. 86), dazu: Ahlener Programm – Präambel (1. – 3. Abs., S. 89) u. II–IV (S. 91–93)
G2: Programmatische Richtlinien der FDP (108–10)
G3: Politische Leitsätze der SPD („Sozialismus u. Selbstverwaltung" [120f.]; II [121f.]; „Kirche, Staat, Kultur [124], dazu:

Kurt Schumacher: Programmatische Erklärungen vom 5. Oktober 1945
(...) Die Klasse der Industriearbeiter im eigentlichen Sinne ist die Hausmacht der SPD. Sie muß als ganze Klasse um die Idee der Demokratie gesammelt werden. Ohne die Arbeiter kann die Sozialdemokratie keinen Schritt tun.
Entscheidende Erfolge freilich gibt es erst, wenn von dieser Plattform aus es gelingt, die mittelständischen Massen zu gewinnen. So war und ist es in allen Ländern, und daß in Deutschland der Großbesitz durch seinen Propaganda-Apparat den Mittelstand für sich engagieren konnte, ist das nationale Unglück geworden. Der demokratisch orientierte Mittelstand ist die Voraussetzung für die Stabilität der neuen Ordnung.
Die übermäßige und grobklotzige Vereinfachung der Klassenkampfidee, die Formel Klasse gegen Klasse, geht in ihrer primitiven Undifferenziertheit an der wirklichen Kräftelagerung vorbei und ist im Effekt eine reaktionäre Parole. Wir haben zu erkennen, daß die Linke in Deutschland die Theorie, aber die Rechte die Praxis des Klassenkampfes geschaffen hat. Das macht manche Sozialisten jetzt irre am Wort Klassenkampf. Man hat sogar die Meinung hören können, daß der Klassenkampf eine Erscheinungsform des Frühkapitalismus sei. Die Leute, die so sprechen, übersehen ganz, daß sie selbst Opfer des Klassenkampfes des Großbesitzes geworden sind. Wohl waren Nationalismus und Militarismus gewaltige Faktoren der Gegenrevolution des Nazismus. Aber von der klassenpolitischen Seite her, von dem Bündnis zwischen den imperialistischen Neufeudalen des Finanzkapitals und den militärischen Altfeudalen des Großgrundbesitzes sind die Nazis in den Sattel gesetzt worden.
Der Klassenkampf war und ist die große gesellschaftliche Tatsache. Diese Tatsache ist unabhängig von unserer Anerkennung oder Negierung. (...)
Als äußerste Klassengrenze, nach der sich unsere Politik zu richten hat, wird jetzt nicht schlechthin die Tatsache des Eigentums an Produktionsmitteln erkennbar, sondern der Umfang, die Intensität und die Anwendung der Eigentumsrechte. Das Unterscheidungsmerkmal ist die Frage, ob das Eigentum im Sinne der kapitalistischen Ausbeutung angewendet wird oder nicht.
Der kleine Eigentümer gehört nicht zu den Besitzverteidigern, sondern an die Seite der Besitzlosen. (...)
Ihre besondere deutsche Färbung bekommt diese Auffassung dadurch, daß die Lebensnotwendigkeiten einer Politik der Demokratie und des Friedens nicht anders als von diesem Klassenstandpunkt aus geführt werden können.
Solange in Deutschland große Vermögen in der Hand unverantwortlicher Privater entstehen können, werden sie immer wieder versuchen, ihre wirtschaftliche Macht in politischen Einfluß umzusetzen.
Die Tradition der Länder der „alten Demokratie", die fundamentale Erkenntnis, daß die Demokratie das große Spiel auf dem Boden der Gegenseitigkeit und der gleichen Chance ist, fehlt eben in Deutschland. Diese Lehre ist wohl denjenigen beizubringen, die Demokraten sein wollen, aber nicht denjenigen, die Demokraten sein müssen. Keine Klasse springt aus ihren Interessen und Traditionen heraus. Sie kann nur von den entgegenstehenden Faktoren geändert oder aufgehoben werden. Gewiß ist heute die überwältigende Mehrheit des deutschen Volkes antikapitalistisch. Aber das bedeutet noch keine Bejahung des Sozialismus oder auch nur die Erkenntnis der Notwendigkeiten einer planmäßig gelenkten Wirtschaft. (...)
Im Sinne der deutschen Politik ist die Kommunistische Partei überflüssig. Ihr Lehrgebäude ist zertrümmert, ihre Linie durch die Geschichte wider-

legt. Nachdem ihre Hoffnung, sich als führende Arbeiterpartei etablieren und zur einzigen Arbeiterpartei entwickeln zu können, von den Tatsachen so völlig unmöglich gemacht wird, muß sie nach dem großen Blutspender suchen. Das Rezept ist die Einheitspartei, die einen Versuch darstellt, der Sozialdemokratischen Partei eine kommunistische Führung aufzuzwingen. Eine sozialdemokratische Partei unter kommunistischer Führung wäre aber eine kommunistische Partei. International wäre jeder Schritt auf diesem Wege eine außenpolitische Parteinahme und würde eine Gleichgewichtsstörung von deutscher Seite bedeuten ...

G4: Aufruf d. Zentralkomitees der KPD (129, ab 5. Abs. – 133, 1. Abs.)
G5: Düsseldorfer Leitsätze (94f., letzter Abs.: „Was versteht ..." [95–98] – hier genügt evtl. WdP 274f.)
G6: Godesberger Programm (Zweimal 69–71 oder: PW 44f.)

8. Stunde:
Parteien in Westdeutschland

Zur didaktischen Funktion

Daß in der parlamentarischen Demokratie der Bundesrepublik dem Wirken der Parteien – besonders angesichts negativer Erfahrungen während der Weimarer Zeit – große Aufmerksamkeit geschenkt werden sollte, versteht sich fast von selbst. Andererseits kommt es gerade bei dieser umfassenden Problematik entscheidend auf sinnvolle Abgrenzungen an, denn schließlich hat eine Geschichte – zumal mehrerer Parteien – die Tendenz, in eine Geschichte des Staates überzugehen. Insofern wird es unerläßlich, sich allenfalls auf eine Skizze besonders wichtiger Etappen zu beschränken.
Es wird empfohlen, zunächst einmal die programmatischen Anfänge heranzuziehen, während die diffizilen Bedingungen der (Neu-)Gründungen einer zeitlichen Begrenzung zum Opfer fallen. Darüber hinaus sollte aber die Weiterentwicklung der Parteien, ihrer Leitvorstellungen und Wahlchancen sowie ein kurzer Blick in die Gegenwart nicht völlig unterbleiben. (Godesberger und Düsseldorfer Programm neben Betrachtungen zur aktuellen Parteienlandschaft liefern den Anlaß dazu.)
Die 8. Stunde klammert die außenpolitische Programmatik sowie den Bereich der SBZ bzw. DDR fast völlig aus, da diese Thematik in den Kapiteln 4 bzw. 9/10 behandelt wird. Außerdem beschränkt sie sich aus didaktischen Gründen auf die Analyse von z. T. gekürzten Programmtexten weniger repräsentativer Parteien. Splitterparteien wie LDP, DP, Zentrum, SRP, NPD oder DFU, deren Bedeutung auf die Dauer gesehen gering war, kommen somit ebensowenig in Betracht wie die in Fraktionsgemeinschaft mit der CDU befindliche CSU, wiewohl deren Einfluß auf die Bundespolitik spätestens seit Kreuth oder der Kanzlerkandidatur von F. J. Strauß sicherlich von niemandem in Frage gestellt wird.
Daß die nach dem Gesichtspunkt der Repräsentativität ausgewählten Quellentexte teilweise recht umfangreich sind und nicht auf stark gekürzte Forderungskataloge zurückgegriffen wird, die sich ohne weiteres ins Tafelschema übertragen lassen, rechtfertigt sich wie folgt:
1. haben die Schüler Gelegenheit, die Texte zu Hause zu lesen, so daß die Gruppenarbeit vorbereitet ist;
2. läßt sich der Stellenwert einer Forderung im rhetorischen Gesamtzusammenhang – gerade bei dieser Textgattung – besser ermitteln;
3. könnte ein implizites Lernziel darin bestehen, aus typischen auf Publikumswirksamkeit angelegten Programmformulierungen die entscheidenden Aussagen und Unterschiede herauszufiltern. (Bevor die Gruppenarbeit beginnt, scheint somit nochmals der Lehrerhinweis angebracht, daß zur Ermittlung eines bestimmten parteipolitischen

Profils Programmvokabeln wie „demokratisch", „sozial", „völkerversöhnend", „friedfertig", „freiheitlich", „rechtsstaatlich" oder das damalige Bekenntnis zur deutschen Einheit als potentielle Leerformeln wenig taugen, es sei denn, daß durch den Umfang im Programm, vor allem aber durch die Konkretisierung anhand bestimmter Maßnahmen besondere Akzente gesetzt werden.)
Während bei der Vorbereitung und zur Dokumentation sich das Standardwerk O. K. Flechtheims (Dokumente zur parteipolitischen Entwicklung, Bd. 2, Berlin 1963–66) anbietet (geeignet auch G. Olzog/A. Herzig, Die politischen Parteien in der Bundesrepublik Deutschland, München 7 1972), stützt sich die Quellenarbeit der vorliegenden Stunde in der Regel auf das Taschenbuch von Theo Stammen, in dem, kurz kommentiert, die wichtigsten Texte enthalten sind.
Wo ein so aufwendiger Quelleneinsatz gescheut wird, halte man sich an die alternativen Vorschläge am Ende dieser Verlaufsskizze (S. 60/61).

Weitere Literatur:

H. G. Wieck, Die Entstehung der CDU und die Wiedergründung des Zentrums im Jahre 1945, Düsseldorf 1953

H. Pütz, Die Christlich-Demokratische Union (Reihe: Ämter und Organisationen der Bundesrepublik Deutschland, Bd. 30), Bonn 1971

W.-D. Narr, CDU – SPD. Programm und Praxis seit 1945, Stuttgart 1966

A. Kaden, Einheit oder Freiheit. Die Wiedergründung der SPD 1945/46, Hannover 1964

J. M. Gutscher, Die Entwicklung der FDP von ihren Anfängen bis 1961, Meisenheim/Glan 1967

Ziele der Stunde

Die Schüler kennen
– die wichtigsten programmatischen Verschiedenheiten der CDU, FDP, SPD und KPD, die sich aus einer jeweils unterschiedlichen Ausgangsbasis ergeben;
– Begriffe wie „Planwirtschaft" und „soziale Marktwirtschaft" und ihre Bedeutung;
– die Gemeinsamkeiten der frühen Programme hinsichtlich der staatlichen Einheit und der Regierungsform;
– die Tatsache, daß in den 50er Jahren SRP und KPD vom Bundesverfassungsgericht verboten wurden.

Die Schüler erkennen,
– daß Schumacher im Gegensatz zu der (aus taktischen Gründen) sehr zurückhaltenden KPD die Notwendigkeit des Klassenkampfes hervorhob;
– daß unmittelbar nach dem Kriege die Sozialpflichtigkeit des Eigentums allgemein bejaht wurde und eine weitgehende überparteiliche Bereitschaft zu Verstaatlichungs- und Planungsmaßnahmen bestand;
– daß die CDU in den Düsseldorfer Leitsätzen gegenüber dem Ahlener Programm eine (stärkere) marktwirtschaftliche Umorientierung vornahm;
– daß die SPD im Godesberger Programm durch Abkehr von marxistischer Dogmatik und Anpassung an den Westkurs Adenauers eine Öffnung zur Volkspartei vollzog, die ihre Wahlchancen spürbar verbesserte.

Die Schüler erkennen und beurteilen
– die augenblickliche Parteienstruktur;
– (implizit) den Stellenwert politischer Aussagen im Rahmen der speziellen Textgattung „Parteiprogramm".

Die Schüler erarbeiten
anhand von Programmtexten (mittels eines Rasters) parteipolitische Schwerpunkte und Unterschiede.

Verlaufsskizze

Unterrichtsschritt 1:
Frühe Programmatik der wichtigsten Parteien (1945–47)

Die Behandlung einiger prinzipieller Programmpunkte der (im Westen) wiedergegründeten Parteien erfolgt durch Gruppenarbeit, wobei die Einteilung ja bereits in der letzten Stunde durch die Ausgabe der jeweiligen Texte im Rahmen der Hausaufgabe erfolgt ist. Den 6 Gruppen wird ca. 15 Minuten Zeit gegeben, um ein vom Lehrer vorgegebenes Raster, in dem einige grundsätzliche programmatische Aussagen stichwortartig festgehalten werden sollten, auszufüllen. Es enthält 3 Rubriken, durch welche die Forderungen grob systematisiert werden:

1. Ideologische und parteitaktische Basis
2. Regierungs- und Staatsform
3. Wirtschaftliche Forderungen.

Zu 1.: Den bereits in den Parteinamen zum Ausdruck kommenden Weltanschauungen wie „Christentum", „Liberalismus", „Sozialismus" und „Kommunismus" lassen sich mehr oder weniger konkrete Einzelforderungen zuordnen. So wirkt die CDU im Kölner Programm darauf hin, die Kirchen unter den Schutz des Staates zu stellen und Religionsunterricht in den Schulen als ordentliches Lehrfach durchführen zu lassen (Punkt 5 bzw. 9). Darüber hinaus betont sie die individuelle Verantwortung (1: „Der Mensch wird gewertet als selbstverantwortliche Person, nicht als bloßer Teil der Gemeinschaft").
Gegen jeglichen Totalitätsanspruch, sei er staatlich oder ideologisch geprägt, wendet sich die FDP. Der freien Entfaltung der Persönlichkeit gilt ihr vornehmstes Interesse (Pkt. 8). Um der „konfessionellen Zerklüftung" entgegenzuwirken, postuliert sie die Gemeinschaftsschule (Pkt. 7).

Die SPD wendet sich gegen intolerante Erziehung in der Schule und fordert die Trennung von Kirche und Staat (Pol. Leits. 124). Kurt Schumacher verdeutlicht in seiner programmatischen Erklärung vom 5.10.45 die Stoßrichtung der Partei. Der Klassenkampf, in dem die gesellschaftlichen Grenzen danach zu bestimmen sind, „ob das Eigentum im Sinne der kapitalistischen Ausbeutung angewendet wird oder nicht" (115), wird ebenso bejaht wie ein Bündnis mit den Kommunisten verworfen. Neben der Stützung auf die Industriearbeiter als SPD-Hausmacht bezeichnet Schumacher die Gewinnung der mittelständischen Massen als Hauptaufgabe.
Für die Kommunisten schließlich, deren Programm als erstes bereits am 11. Juni 1945 erschien, steht die Einheit der Arbeiter im Vordergrund, darüber hinaus der Antifaschistische Parteiblock, der einer unnachsichtigen Vernichtung aller Überreste des Dritten Reichs dienen sollte. Man verurteilt den Antisowjetismus und hält sich ansonsten in dieser frühen Phase ideologisch noch auffallend zurück.

Zu 2.: Als Regierungsform plädieren alle Parteien für die parlamentarisch-demokratische Republik, wobei der ausdrückliche Verzicht im KPD-Programm, „Deutschland das Sowjetsystem aufzuzwingen", da dieses den momentanen Entwicklungsbedingungen nicht entspreche, Beachtung verdient. Hier zeigt sich bereits ein Vorläufer der Ackermannschen These des besonderen deutschen Weges zum Sozialismus. Programmatische Einigkeit herrscht auch darin, daß die deutsche Einheit zu wahren sei. (Hinweise in den Parteiprogrammen über den staatlichen Aufbau – mehr zentralistisch oder föderalistisch – können aus Zeitgründen unterbleiben, da hiervon ja bereits in der vorherigen Stunde die Rede war.)

Zu 3.: Das Ahlener Wirtschaftsprogramm der CDU, in dessen Präambel es hieß:

„Das kapitalistische Wirtschaftssystem ist den staatlichen und sozialen Lebensinteressen des deutschen Volkes nicht gerecht geworden." (89), enthält ausgeprägte soziale Komponenten. Dem Recht auf Eigentum und der Förderung der Privatinitiative stehen weitgehende Sozialisierungspläne gegenüber (Bergbau, eisenschaffende Großindustrie, Energieerzeugung). Arbeitnehmer und Konsumenten sollten in Selbstverwaltungskörperschaften der Wirtschaft gleichberechtigt an Planung und Lenkung teilhaben, Kartellgesetze Monopole verhindern, Mitbestimmung und Gewinnbeteiligung der Arbeitnehmer gesichert werden.

Wesentlich unternehmerfreundlicher gab sich die FDP, die Planwirtschaft lediglich zur Überwindung von Notständen akzeptierte. Vor Wirtschaftsbürokratie wurde ausdrücklich gewarnt, dagegen Eigeninitiative, Wettbewerb, Eigentum und Leistung als Basis einer gesunden Ökonomie herausgestellt. Enteignungen im Rahmen einer Bodenreform stand die FDP ablehnend gegenüber.

Die SPD ging mit den Forderungen nach Verstaatlichung am weitesten, die Groß-(grund)besitz und Großfinanz betreffen sollte. Eine Bodenreform sollte Kleinbauern und Genossenschaften zu Land verhelfen. Ein Lastenausgleich zwischen Besitzenden und Nichtbesitzenden hatte die Aufhebung sozialer Benachteiligung und Ausbeutung zum Ziel. Die Planwirtschaft sollte eine für Deutschland nicht mehr tragbare „privatwirtschaftliche Profitwirtschaft" ablösen.

Auch im Bereich der Wirtschaft war die taktische Zurückhaltung der KPD außerordentlich. Zwar stand eine Bodenreform mit Enteignung der Großgrundbesitzer sowie die Beseitigung des Nazibesitzes und der Schutz des Arbeiters gegen Ausbeutung auf dem Plan, aber daneben garantierte das Programm die „völlig ungehinderte Entfaltung des freien Handels und der privaten Unternehmerinitiative auf der Grundlage des Privateigentums" (131), so daß Schumacher sarkastisch formulieren konnte:

Die „einzige Partei, die sich in ihrem Aufruf uneingeschränkt für diese kapitalistischen Faktoren einsetzt, ist die Kommunistische Partei". (116)

Unterrichtsschritt 2:
Auswertung der Gruppenarbeit

Die Gruppen 1–4 lesen nun ihren jeweiligen Entwurf vor, der kurz korrigiert bzw. ergänzt wird. Dabei ist gerade bei dieser Sozialform der Spielraum für eigene Formulierungen oder Akzentsetzungen der Schüler im Raster sehr weit zu halten. Vollständigkeit, die das kurze Schema der „Stundenblätter" ohnehin nicht bieten kann, braucht sicher nicht angestrebt zu werden. Schwerpunkte und – falls nötig – besondere Lehrerhinweise behandeln einerseits die in der Notzeit nur zu verständliche deutliche Proklamierung der Sozialpflichtigkeit des Eigentums bei allen Parteien – insbesondere auch der CDU –, andererseits das betont bürgerliche Auftreten der KPD. Daneben sind die Hauptunterschiede der weltanschaulichen Ansätze herauszuarbeiten.

Unterrichtsschritt 3:
Die weitere Entwicklung der Parteien bis Ende der 50er Jahre

Gruppe 5 trägt nun die wichtigsten Punkte aus den Düsseldorfer Leitsätzen vom 15.7.49 vor, woraus die mehr oder weniger explizite Abkehr von wesentlichen Teilen des Ahlener Programms sichtbar wird. Der Lehrer ergänzt, daß sich der wirtschaftspolitische Schwenk hin zur marktwirtschaftlichen Orientierung unter Einfluß der Währungsreform und ihres verantwortlichen Wirtschaftsdirektors Ludwig Erhard vollzog. Die neuen Leitsätze wurden unmittelbar vor der

Bundestagswahl 1949 ausgegeben, und nicht zuletzt die ökonomische Aufwärtsentwicklung, die sich schon bald als deutsches „Wirtschaftswunder" anbahnte, sicherte der CDU/CSU für zwei Jahrzente die Mehrheit der Parlamentssitze.

Gleichermaßen als Lehrervortrag wird die weitere Entwicklung der Liberalen skizziert. Hier genügt es, darauf hinzuweisen, daß der Aufstieg zur 3. Kraft neben den beiden großen Parteien bzw. Fraktionen erst durch die mühsam vollzogene Verschmelzung divergierender (regionaler) Gruppen (LDP, DP, FDP) zur FDP erreicht werden konnte: 1. Parteitag war im Juni 1949.

Anschließend erläutert Gruppe 6 wichtige Punkte des Godesberger Programms (1959), durch das die SPD sich von einer reinen Arbeiter- zur Volkspartei wandelte und erst die Voraussetzungen schuf, – bei nun deutlich steigenden Stimmenprozenten – Bundestagsmehrheiten zu erringen. Angesprochen werden hier die Abkehr von marxistischer Dogmatik, die Anerkennung der bestehenden Wirtschafts- und Gesellschaftsordnung sowie der Grundzüge des Bündnis-, Verteidigungs- und Deutschlandkonzepts Adenauers. Da letzteres bereits in die Thematik der folgenden Stunde hineinragt, sollte im Vorgriff nur kurz darauf eingegangen werden. Es empfiehlt sich allerdings bereits hier, die damit verbundene Hausaufgabe zu stellen (s.u.).

Das weitere Schicksal der KPD kann wiederum als Lehrervortrag dargeboten werden. Nachdem diese 1949 im Bundestag mit 5,7% und in mehreren Landtagen vertreten war, scheiterte sie 1952 mit 2,2% an der 5%-Hürde. Zunehmend bedeutungsloser werdend, fiel sie 1956 einem von der Bundesregierung beantragten Verbot seitens des Bundesverfassungsgerichts zum Opfer. Der Lehrer verknüpft dies mit dem Hinweis, daß ein Parteienverbot erstmals 1952 gegen die rechtsradikale „Sozialistische Reichspartei" ausgesprochen wurde.

Unterrichtsschritt 4:
Ausblick auf aktuelle Tendenzen
in der Parteienlandschaft

Die noch verbleibende Zeit dient einem Unterrichtsgespräch über aktuelle Parteientwicklungen (Kurze Information und Quellenbasis neuerer Programme in: PW 33–35 bzw. 43–49; dazu: Zweimal 68–71). Da von einem vorhandenen Informationsstand der Schüler ausgegangen werden kann, ist zu erwarten, daß die grobe Konstellation der bundesrepublikanischen Parteien ohne besondere Vorbereitungen aufgezeigt werden kann. Demnach stehen sich zwei annähernd gleich große Volksparteien gegenüber, denen jeweils eine mehr oder minder festgelegte – verschiedentlich ums Überleben kämpfende – F.D.P. als Zünglein an der Waage zur Regierung verhelfen kann. An Versuchen und Plänen, eine weitere politische Kraft zu etablieren, hat es nicht gefehlt. Nach dem Absinken der Extremen zur Bedeutungslosigkeit – die NPD überschritt ihren Zenit 1969 mit 4,3% und erhielt 1976 wie die 1968 neugegründete DKP 0,3% – treten seit neuestem die Grünen auf den Plan, und auch das Projekt einer bundesweiten CSU als 4. Partei ist sicherlich noch nicht endgültig vom Tisch.

Alternativen:
1. Falls aus Zeitgründen die Gruppenarbeit weniger aufwendig gestaltet werden soll, empfehlen sich als Textgrundlage auch die knappen Ausschnitte in WdP, wobei zusätzliche Informationen (zum Tafelschema) durch den Lehrer zu geben sind:
zur SPD: Schumacher (S. 271)
            Pol. Leitsätze (S. 272)
zur CDU: Ahlener Programm (272f.)
            Düsseldorfer Leitsätze (274f.)
Die wichtigsten Punkte des FDP- bzw. KPD-Programms könnten dann von einem Schüler als Referat zusammengefaßt werden.

2. Eine weitere Möglichkeit des Unterrichtsaufbaus besteht darin, die frühen Programme der genannten Parteien in ihren wirtschaftspolitischen Grundzügen als Thema eines Schülerreferates zu vergeben (Arbeitsgrundlage z.B. kom-

mentierte Programmauszüge in: K.-H. Eckhardt, Die DDR im Systemvergleich. Didaktisches Sachbuch zum Verständnis von Plan- und Marktwirtschaft, Reinbek 1978, TB, S. 79–84). Im weiteren Stundenverlauf würden dann die Schwerpunkte auf der Textanalyse des Godesberger Programms bzw. den Unterrichtsschritten 3 und 4 liegen.

Hausaufgabe:

Informieren Sie sich anhand Ihres Schulbuchs oder des dtv-atlasses über die wichtigsten außenpolitischen Verträge der Bundesrepublik Deutschland und der DDR zwischen 1950 und 1957.

9. Stunde:
Adenauers Westintegration und ihre Konsequenzen

Zur didaktischen Funktion

Die klare Westorientierung der bundesrepublikanischen Politik nach dem 2. Weltkrieg gehört zu den bemerkenswertesten Tatbeständen der jüngeren deutschen Geschichte. In ihrer Gradlinigkeit ist sie der spezifische Beitrag Adenauers zur Weltpolitik, in ihrer Konsequenz forderte sie aber eine entsprechende Reaktion des Ostens geradezu heraus. Beide Entwicklungen sollen in dieser Stunde nachgezeichnet werden, wobei es nicht um Details der einzelnen Abkommen, sondern vor allem um das System dieser Außenpolitik geht. Dem Schüler muß deutlich werden, daß die folgenreichen militärischen und ökonomischen Bindungen der 50er Jahre in erster Linie darauf abzielten, Adenauers Konzept zur Wiedergewinnung deutscher Souveränität und zur Einbettung der Bundesrepublik in eine europäische Staatengemeinschaft zu verwirklichen. Daß zu dem integrativen Moment im Westen wohl zwangsläufig das differenzierende gegenüber dem Osten treten mußte, macht die Problematik seiner Außen- und Deutschlandpolitik aus, wobei immer wieder gefragt werden kann und worden ist, ob es denn eine gangbare Alternative gab (vgl. dazu stellvertretend W. Besson, Die Außenpolitik der Bundesrepublik Deutschland, München 1970, S. 129; E. Nolte, Deutschland und der Kalte Krieg, München 1974, S. 315; A. Hillgruber, Deutsche Geschichte 1945–1975, 1978, S. 58).

Der vorliegende Stundenentwurf geht von Prämissen und Zielen jeder möglichen bundesrepublikanischen Politik aus und beurteilt schließlich die tatsächlich verwirklichte anhand dieser Kriterien. Dabei weist die Adenauersche Leistungsbilanz eindeutig Aktiva im Bereich von ökonomischer Konsolidierung und staatlicher Rehabilitierung (im Westen) auf, während die Passiva im Bereich der Wiedervereinigung liegen. Schließlich gab es auch um die Remilitarisierung heftige Disput, deren Ursachen und Argumente im Unterricht aufgegriffen werden.

An diesem Punkt werden notwendigerweise die Rolle der Sowjetunion und ihre Angebote zur Wiedervereinigung eines neutralen Deutschland erörtert werden müssen. Um dies auch nur einigermaßen seriös tun zu können – so weit es im anzusetzenden engen zeitlichen Rahmen überhaupt möglich ist –, muß der damit zusammenhängenden Diskussion eine eigene Unterrichtsstunde vorbehalten werden. Die 9. und 10. Stunde bilden somit eine feste Einheit, wobei im günstigsten Fall eine Doppelstunde zur Verfügung stände. In jedem Fall soll zum Ausklang dieses Lernabschnitts die Frage anklingen, ob nicht möglicherweise die Chance zur Wiedervereinigung von Seiten der Bundesregierung verspielt worden sei. Gerade das Noch-nicht-Kommentierte einer solchen Behauptung, die zumindest bei einigen Schülern ein emotionales Engagement freisetzen könnte, dürfte als stundenübergreifender Anreiz zur vertieften Beschäftigung mit dieser Problematik dienen.

Weiterführende Literatur
(Stunde 9 und 10):

H. v. Siegler (Hg.), Wiedervereinigung und Sicherheit Deutschlands, Bd. 1 (1944–63), Bonn/Wien/Zürich 1967
K.-D. Schwarz (Hg.), Sicherheitspolitik. Analysen zur politischen und militärischen Sicherheit, Bad Honnef 1976
K. v. Schubert, Wiederbewaffnung und Westintegration, Stuttgart 1970
K. Gotto / H. Maier / R. Morsey / H.-P. Schwarz, Konrad Adenauer, Seine Deutschland- und Außenpolitik 1945 bis 1963, München 1976 (TB)
P. Fischer, Die Saar zwischen Deutschland und Frankreich 1945–1959, Frankfurt/Berlin 1959
W. Lipgens, Die Anfänge der europäischen Einigungspolitik 1945–1950, 1. Teil, Stuttgart 1977
W. Haseloff, Die Einigung Europas (Materialien), Frankfurt/M. 1971
Europa – Gesetze und Verträge, Bonn [3]1977

Ziele der Stunde

Die Schüler kennen
– die Hauptziele bundesrepublikanischer Politik;
– die wichtigsten Verträge, mit denen Adenauer die Westintegration erreichen wollte;
– die wichtigsten Verträge, durch die die DDR in den Ostblock integriert wurde;
– den Vorwurf gegenüber der Adenauerschen Politik, die Wiedervereinigung verspielt zu haben.

Die Schüler erkennen
– die weltpolitischen Zusammenhänge – insbesondere die Bedeutung des Koreakriegs –, die zur Eingliederung der Bundesrepublik ins westliche Lager führten;
– die Bedeutung der deutsch-französischen Aussöhnung für die Welt- und Deutschlandpolitik;
– die Problematik einer frühen deutschen Remilitarisierung;
– daß Adenauer den deutschen Verteidigungsbeitrag als Hebel zur Wiedergewinnung der Souveränität und zur westeuropäischen Einigung benützte.

Die Schüler erarbeiten
– mögliche Ziele der sowjetischen Deutschlandinitiative von 1952/54;
– anhand von Textauszügen die unterschiedlichen Positionen von Regierung und Opposition in bezug auf Wiederbewaffnung und EVG.

Die Schüler beurteilen
– die außen- und deutschlandpolitischen Leistungen Adenauers;
– die Argumente, die für und gegen eine deutsche Wiederbewaffnung ins Feld geführt wurden.

Verlaufsskizze

Unterrichtsschritt 1:
Voraussetzungen der Adenauerschen Deutschland- und Außenpolitik

Die Behandlung der Adenauerschen Deutschland- und Außenpolitik beginnt mit der Bestimmung ihrer Voraussetzungen. Im Unterrichtsgespräch werden als anzustrebende Hauptziele der Jahre nach 1949 herausgestellt:
1. Wirtschaftliche Konsolidierung
2. Rückgewinnung der staatlichen Souveränität

3. Sicherung vor einem äußeren Angriff
4. Wiedervereinigung

Dabei soll verdeutlicht werden, daß die (schnelle) Erlangung dieser Ziele nicht nur vom Verhältnis der Bundesrepublik zu den Siegermächten, sondern mehr noch von den Beziehungen der Alliierten untereinander abhing. Während Großbritannien und den USA im Rahmen der Containement-Politik an einem gefestigten westdeutschen Staat gelegen war, herrschten in Frankreich noch weitgehend antideutsche Ressentiments und Sicherheitsbefürchtungen. Die Sowjetunion hingegen befand sich spätestens seit Ausbruch des Koreakriegs (1950–53) in einer Situation verschärfter ideologischer und machtpolitischer Konfrontation zu den Westmächten. Es dürfte leicht einsehbar sein, daß bei dieser unterschiedlichen Interessenlage der Großmächte ein (gleichzeitiges) Verfolgen aller o.a. Ziele schwerlich durchzusetzen war. Die Schüler spielen dabei theoretisch alternative bundesrepublikanische Verhaltensmöglichkeiten durch, um zu erkennen, welche Zielkonflikte sich ergeben (1–3 gegen 4).

Daß solche Überlegungen damals von politischer Relevanz waren, dokumentiert eine Meinungsumfrage von Erich Peter Neumann (WdP 296), welche man der Klasse vorlegt. Danach antworteten auf die Frage: „Was ist Ihnen zunächst wichtiger: die Einheit Deutschlands oder die Sicherheit vor den Russen?"

1952 51% für Sicherheit
      33% für Einheit
      16% unentschieden

1953 52% für Sicherheit
      36% für Einheit
      12% unentschieden

1954 59% für Sicherheit
      28% für Einheit
      14% unentschieden

Von der antisowjetischen Option der Bevölkerung läßt sich unschwer überleiten zur tatsächlichen Adenauerschen Politik, die dieser Stimmung durch eine feste Westintegration Rechnung trug.

Unterrichtsschritt 2:
Die wichtigsten Verträge im Westen

Zunächst wird als eine der politischen Rahmenbedingungen der Koreakrieg in seiner beschleunigenden Bedeutung für die westeuropäische Integration behandelt und in einer Zeitleiste notiert (linke Spalte). Sodann werden Adenauers wichtigste Abkommen mit dem Westen (Montanunion, EVG und Generalvertrag, Pariser Verträge, Nato) kurz besprochen und im Tafelanschrieb (mittlere Spalte) festgehalten. Da diese Ereignisse in allen Schulbüchern ausführlich erwähnt sind und von den Schülern zu Hause vorbereitet werden sollten, braucht für diesen Teil der Stunde nicht allzuviel Zeit angesetzt zu werden. Beim Stichwort „Montanunion" ist darauf hinzuweisen, daß diese ursprünglich als Kontrollinstrument französischer Sicherheitspolitik geschaffene Institution weit über die zunächst geahnte Bedeutung hinauswuchs und als Keimzelle der späteren EWG bzw. EG eine zukunftsträchtige Wirkung entfaltete. Das Scheitern des EVG-Plans, den Adenauer als Hebel zur schnellen Wiedererlangung der Souveränität benutzen wollte, ist als weiterer Beleg französischen Mißtrauens zu bewerten. [Auf die zusätzliche Erläuterung der französischen Haltung in der Abstimmung von 1954 – die Sowjets vermittelten eine Feuereinstellung in Indochina, und Mendes-France gab die EVG-Abstimmung im Parlament frei (vgl. W. Besson, a.a.O., S. 151f.) – braucht nur bei ausdrücklichem Schülerinteresse eingegangen zu werden.]

Dagegen bietet sich ein kurzer Exkurs an, der die unter Adenauer erreichte Verbesserung des deutsch-französischen Verhältnisses zum Gegenstand hat. Die einvernehmliche Lösung des Saarproblems durch den Vertrag von 1956, in dem der ursprüngliche Autonomieplan nach einer negativ verlaufenden Volksabstimmung aufgegeben wurde, war eine wichtige Etappe auf diesem Weg, der deutsch-französische Freundschaftsvertrag von 1963 schließlich die Krönung einer erfolgreichen Aussöhnungspolitik.

Von den Pariser Verträgen ist neben dem Beitritt zur Nato und der Beendigung des Besatzungsstatuts noch die Gesamtverantwortung der Westmächte für Berlin und Deutschland als Ganzes sowie die Gewaltverzichtsklausel der Bundesrepublik Deutschland hervorzuheben (evtl. Lektüre der jeweiligen Passage, in: PW 26f.; ZuM 403f. u. GdG 383f; WdP 282f.; völlig ausreichend: FaG 179).

Unterrichtsschritt 3:
Die Verträge der DDR

Die Abläufe in Ostdeutschland lassen sich durchweg in Parallele setzen zur Entwicklung im Westen. Dem Beitritt zur Montanunion und ihren Nachfolgeorganisationen entspricht die Mitgliedschaft der DDR im Comecon. Das gleiche gilt für Nato und Warschauer Pakt bzw. für die Souveränitätserklärungen und Deutschland-Verträge der Jahre 1954/55. Abweichend und bemerkenswert ist allerdings der 1950 geschlossene Görlitzer Vertrag zwischen der DDR und Polen, in dem die Oder-Neiße-Linie als „Friedensgrenze" anerkannt wird. Doch auch hier gibt es gewisse Entsprechungen. Adenauers ursprüngliche Bereitschaft, dem Autonomie-Konzept für die Saar zuzustimmen, läßt sich in ähnlichem Sinne politisch einordnen. Zudem beinhaltet der auf Grenzfragen gemünzte Gewaltverzicht in den Pariser Verträgen ja eine Quasi-Anerkennung der politischen Realitäten auch im Osten. Auch bei diesem Unterrichtsschritt gilt es, nicht zu viel Zeit zu verlieren. Einer kurzen Besprechung und Einordnung der Verträge folgt die Fixierung an der Tafel (rechte Spalte).

Unterrichtsschritt 4:
Würdigung der Adenauerschen Politik

Die Bewertung der Adenauerschen Politik ergibt sich unter Berücksichtigung der im Unterrichtsschritt 1 genannten Ziele. Dabei erkennen die Schüler, daß die ersten drei Ziele, zumindest aber die ersten beiden, erreicht wurden:

– Die wirtschaftliche Konsolidierung erfolgte nicht zuletzt durch das amerikanische Interesse an der Bundesrepublik als antikommunistischem Bollwerk, aber auch durch den westeuropäischen Markt. Auf diese Weise nahm das sog. „Wirtschaftswunder" seinen Ausgang.

– Die staatliche Souveränität war auch recht kurzfristig wieder hergestellt, 6 Jahre nach Gründung der Bundesrepublik Deutschland, 10 Jahre nach der bedingungslosen Kapitulation.

– Was die Sicherheit dieses Staates anlangt, so war durch die deutsch-französische Aussöhnung und das Nato-Bündnis die Gefahr eines Zwei-Fronten-Kriegs endgültig gebannt. Auch galt die Wiederbewaffnung angesichts zahlreicher sowjetischer Divisionen in den Satellitenstaaten und der seit 1948 erfolgten Aufstellung „kasernierter Volkspolizei" in Ostdeutschland als weiterer Schritt zu größerer Sicherheit. Dies allerdings blieb politisch nicht unwidersprochen. Die SPD z. B. beschwor in leidenschaftlichen Debatten die Gefahren, die gerade eine deutsche Wiederbewaffnung mit sich bringen könnte. Dies wird den Schülern anhand ausgewählter Zitate auf einem Arbeitsblatt vermittelt (Texte Nr. 1–4). Zwischen Heinemann und Adenauer kam es in dieser Frage zum Zerwürfnis. Heinemann demissionierte als Innenminister und verließ 1952 als entschiedener Kritiker der Adenauerschen Deutschland-Politik die CDU (vgl. Heinemann-Memorandum in: K/T-M. 87ff.; WdP 280; Reichert 75–78).

Unterrichtsschritt 5:
Sowjetische Neutralitäts- und Wiedervereinigungsangebote

Die Kritik an der Aufrüstung der Bundesrepublik zeigt hier ihre zweite Dimension. Über die Erhöhung der Kriegsgefahr durch Wettrüsten oder Präventivaktionen hinaus bestand die sicherlich noch fundiertere Befürchtung, daß mit diesem Schritt die Chancen einer Wiedervereinigung endgültig zunichte gemacht würden. Bevor diese Vorwürfe der Opposition zur Sprache kommen, weist der Lehrer in einem kurzen Vortrag auf die sowjetischen Deutschlandnoten der Jahre 1952 und 1954 hin – jeweils ein Jahr vor bzw. nach dem Berliner Aufstand vom 17. Juni (vgl. Bodensieck I, 57f.) –, in denen die Wiedervereinigung eines neutralen Deutschlands angeboten wurde (Anschrift linke Spalte). Ein Blick auf die Zeittafel zeigt den Schülern die dahintersteckende Absicht der Sowjetunion, die Bildung eines gegen sie gerichteten westlichen Militärblocks zu verhindern oder auch nur zu stören. So legte es zumindest Adenauer aus, der sich von seinem Westkonzept nicht abbringen ließ. Inwieweit hier eine unwiederbringliche Gelegenheit verpaßt wurde – Beispiel Österreich (1955) –, soll als provozierende Frage in dieser Stunde unbeantwortet bleiben. Der Unterricht endet mit einem kurzen Ausschnitt aus der Bundestagsdebatte vom 23. 1. 58, in der von Seiten Dehlers und Heinemanns der Regierung vorgehalten wurde, sie habe die sowjetische Initiative leichtfertig zum Scheitern gebracht (Dehler: „Hier, Herr Bundeskanzler Dr. Konrad Adenauer, haben Sie bewiesen, daß Sie alles taten, um die Wiedervereinigung zu verhindern"). Um die Leidenschaftlichkeit, mit der hier im Bundestag gerungen wurde, zu veranschaulichen, sollte dieser Text nicht verlesen, sondern als Tondokument dargeboten werden. Es ließe sich z. B. die Schallplatte aus der Reihe „Bundesrepublik Deutschland 1949–1974" (hg. v. K. O. v. Aretin / F. Kallenberg, Freiburg i. B. 1976, Platte 1, Seite B; entsprechend dem Begleitheft S. 10f: „Am 10. März ... schuldig bleiben.") einsetzen.

Stehen diese oder andere Tondokumente nicht zur Verfügung, empfehlen sich entsprechende Textpassagen aus Habel / Kistler (Dehler / Heinemann / Höcherl, in: H/K 81–84), die in ihren Kernaussagen ohne Kommentar im Kurs verlesen werden.

Die Stichhaltigkeit der Behauptungen sowie andere mit den Sowjet-Noten zusammenhängende Probleme sollen in der nächsten Stunde ausführlicher diskutiert werden.

Hausaufgabe

1. Lesen Sie die Stalin-Note vom 10. 3. 52 (PuG 208f.; WdP 292f.; Bodensieck I, 50–52; ZuM 404f.) und unterstreichen Sie die wichtigsten Bestimmungen!
2. Fassen Sie in 4–5 Punkten Adenauers politische Haltung in Text Nr. 5 zusammen!

Vorschlag für ein Arbeitsblatt (9./10. Stunde)

1 **Carlo Schmid** in Straßburg im August 1950 über einen deutschen Verteidigungsbeitrag:
„Die Schaffung deutscher Divisionen würde außerdem den Russen einen Vorwand geben, und könne sie leicht aus Angst vor einem Kriege dazu bringen, einen Krieg zu provozieren. Man solle doch nicht vergessen, auf welchen Weg Deutschland durch das Schreckgespenst der Einkreisung geraten sei." (K/T 78)

2 **Herbert Wehner** in der EVG-Bundestagsdebatte am 10. 7. 52:
„Die Gefahr des Wettrüstens auf deutschem Boden widerlegt das Rechenexempel vom automatisch erreichbaren militärischen Übergewicht und erhöht das Risiko Deutschlands, Kriegsschauplatz zu werden." (K/T 103)

3   **Kurt Schumacher** im Bundestag am 8.11.50 über die Wiederbewaffnung:
„Nun bin ich überzeugt, daß alle hier versammelten Damen und Herren den gemeinsamen Wunsch im Herzen tragen, Deutschland nicht zum Vorfeld der Verteidigung anderer Länder werden zu lassen. Aber ein Jetzt-Hineinschlittern in eine voraussetzungslose Militarisierung kann ja nicht die Fakten erfolgreicher Abwehr schaffen, sondern vergrößert die Gefahren deutscher Vernichtung oder Beeinträchtigung bis ins Gigantische hinein." (K/T 106 f.)

4   **Konrad Adenauer** in der EVG-Debatte vom 9.7.52:
„Es ist weiter die Frage aufgeworfen worden, ob nicht die militärische Stärkung des Westens (...) Sowjetrußland dazu reizen würde, zum heißen Krieg überzugehen. Auch hier glaube ich (...), daß das Gegenteil richtig ist. Ich bin der Überzeugung, daß man einen hochgerüsteten totalitären Staat nicht dadurch von einer Aggression abhält, daß man möglichst schwach bleibt. (...) Da Sowjetrußland stark gerüstet blieb, während die anderen Länder abrüsteten, machte es von seiner militärischen Überlegenheit durch die Unterwerfung der jetzigen Satellitenstaaten rücksichtslosen Gebrauch. Ich bin überzeugt, daß Sowjetrußland das nicht getan hätte, wenn es hätte befürchten müssen, daß die anderen ihm in den Arm fallen würden." (K/T 100 f.)

5   ebda. (Zusammenfassung in den „Erinnerungen"):
„In der Öffentlichkeit wurde die Frage diskutiert, ob nicht die Genehmigung der beiden Verträge die Wiedervereinigung mit der Sowjetzone unmöglich mache. Ich hielt diese Beurteilung für falsch. Ich war gerade der umgekehrten Ansicht, daß wir mit dem Abschluß dieser Verträge einen bedeutenden Schritt vorwärts taten in Richtung auf das Ziel, das der Bundestag in einer seiner ersten Sitzungen fast einstimmig so formuliert hatte: Wiedervereinigung Deutschlands in Frieden und Freiheit in einem freien Europa.
Es war und ist richtig, daß die Wiedervereinigung in Freiheit nur mit Zustimmung der vier Alliierten, also auch mit Zustimmung Sowjetrußlands erfolgen konnte. Ich war der Auffassung, daß es klug wäre, wenn man sich für diese Politik zunächst die Hilfe von wenigstens drei der vier Großmächte sicherte, wie wir das im Deutschlandvertrag taten.
Ich hoffte, daß es möglich sein würde, im richtigen Augenblick mit Sowjetrußland an den Verhandlungstisch zu kommen, wenn wir die Hilfe dieser drei Mächte hätten. Keiner glaubte wohl ehrlich, daß die Sowjetunion aus sich heraus die Sowjetzone freigeben würde (...) Ein Gesamtdeutschland, wie es die Rusen in ihren Noten forderten, ein neutralisiertes, auf dem Boden des Potsdamer Abkommens errichtetes Gesamtdeutschland war für uns nicht möglich. Wir würden mit Hilfe der drei Westalliierten versuchen müssen, Sowjetrußland von seiner Forderung abzubringen. Ich war der Auffassung, daß Sowjetrußland, wenn es sich davon überzeugte, daß infolge des Abschlusses der europäischen Verteidigungsgemeinschaft seine Politik, im Wege des kalten Krieges – im vorliegenden Falle zunächst durch Neutralisierung die Bundesrepublik zu bekommen, keinen Erfolg mehr versprach, diese neugeschaffene politische Situation beachten und seine Politik dementsprechend einstellen würde. Das eine war sicher, wenn wir die Verträge nicht unterzeichneten, verbesserten wir die Aussicht auf Wiedervereinigung in keiner Weise". (PW 25)

6   Erklärung Adenauers an Erich Ollenhauer (SPD) vom 25.1.55:
„Über alles, was die Sowjetunion in den letzten Tagen und Wochen zur Deutschen Frage geäußert hat, läßt sich nach der Ratifizierung (der Pariser Verträge) genauso gut verhandeln wie vorher." (Bodensieck I, S. 60)

7   H. Wehner (SPD) über die EVG im Bundestag am 10.7.52:
„Es drängt sich einfach die Frage auf: Was wäre, wenn der Herr Bundeskanzler den Bemühungen um die Wiederherstellung der deutschen Einheit mindestens soviel Kraft und Zeit geopfert hätte wie seinen Bemühungen um die sogenannte Integration? (...) Der Bundeskanzler begeht in dieser Beziehung zwei Rechenfehler. Erstens: er nimmt an, die Zusammenlegung des Wirtschafts- und Militärpotentials einer Gruppe westeuropäischer Länder werde zu einem gewissen Zeitpunkt die Verhandlungsbereitschaft der Sowjetregierung erzwingen; zweitens: durch die Integrationsverträge seien die westlichen Vertragspartner eindeutig auf eine Politik der Wiedervereinigung festgelegt. Die Behauptung, die bisherigen sowjetischen Angebote seien schon das Er-

gebnis der – wie Sie es jetzt zu nennen belieben – „Politik der Stärke des Westens" (...), geht von der falschen Behauptung aus, man könne mit gewissermaßen arithmetischer Sicherheit den Zeitpunkt errechnen, an dem es sich lohnen werde, mit den Sowjets zu verhandeln. (...) Wenn Sie Wasser über einen bestimmten Punkt hinaus erhitzen, gibt es Dampf! Die deutsche Politik muß nicht nur das Risiko einer Entwicklung nach dem Muster von Prag, sondern sie muß auch das Risiko einer Koreanisierung Deutschlands zu verhindern trachten. (...) Aufrichtiger wäre es (...), wenn die Befürworter der Verträge sagten: Jawohl, wir geben zu, für eine geraume Zeit müssen wir die Wiedervereinigung zurückstellen, aber wir haben dafür die und die Begründung." (K/T 102 f.)

8 W. Besson, Die Außenpolitik der Bundesrepublik Deutschland, München 1970, S.129 [Ein Lavieren Deutschlands zwischen Ost und West] „ließ der Dualismus der Weltmächte nicht mehr zu, und Adenauer wußte es. Aber seine Politik, so richtig sie war, hatte jetzt andererseits alle Naivität und Unschuld verloren. Das Frühjahr 1952 war in der Tat der Moment, der nicht wiederkam. Der Westkurs kostete einen Preis, der moralisch um so anfechtbarer war, da ihn 18 Mio. Mitteldeutsche bezahlen mußten. Aber Adenauer handelte im Sacro egoismo der Staatsraison der Bundesrepublik, weil er für die Zukunft von 50 Mio. Westdeutschen den schlüpfrigen Weg der Neutralisierung fürchtete. Mehr und mehr Westdeutsche sind ihm darin gefolgt, als sie spürten, daß der Kanzler ihren elementaren Wunsch, nicht mehr zwischen zwei Feuern leben zu müssen, besser verstand als jeder andere deutsche Politiker."

10. Stunde:
„Wiedervereinigung" –
Sowjetische Taktik oder reale Chance?

Zur didaktischen Funktion

Die 10. Stunde soll bewußt im Zeichen der Diskussion stehen, zumal bei diesem Thema eine lebhafte Beteiligung erwartet werden kann. Dennoch scheint es angebracht, den Verlauf der Debatte ein wenig vorzustrukturieren, da sonst die Gefahr besteht, daß das Ganze in mehr oder weniger unsystematischen Meinungsfehden zerfällt. Als Ausgangspunkt dienen kontradiktorische Aussagen Adenauers und Wehners, welche den grundlegenden Dissens in der Beurteilung der Wiedervereinigungsproblematik durch Regierung und Opposition dokumentieren. Hier soll ein Argumentationsraster gewonnen werden, das zu Thesenbildung bzw. Fragestellung führt und somit die Schüler zu freier Meinungsäußerung veranlaßt. Für den Lehrer dürfte es dabei angebracht sein, sich weitgehend zurückzuhalten und nur einzugreifen, falls die Diskussion in unfruchtbare Einseitigkeit verfällt. Hier kann er dann jeweils durch gezielte Verlesung eines Zitats der Debatte neue Impulse geben.

Argumente und Gegenargumente sind leicht zugänglich, da dieses Thema in Geschichtswissenschaft wie Publizistik von je her bevorzugt behandelt wurde. Bis heute sind wichtige mit Moskaus Deutschland-Plänen zusammenhängende Fragen wie die Seriosität der Angebote, die Folgen einer Neutralisierung oder deren Realisierbarkeit angesichts des Ost-West-Konflikts umstritten, und Einigkeit herrscht allenfalls in bezug auf die Feststellung, daß eine verbindliche Beurteilung der Erfolgsaussichten kaum möglich ist, da diese „nie in Verhandlungen geprüft und ausgelotet worden" sind (G. Meyer, Eine verpaßte Chance? Das sowjetische Angebot von 1952, in: Der Bürger im Staat, 19/1969, S.65; vgl. den Ausschnitt in Bodensieck I, 65 f.).

So kommt es bei dieser Diskussion ja auch nicht auf Indoktrinierung im Sinne einer offiziösen westdeutschen Geschichtsschreibung an, sondern vielmehr um das Wecken des Problembewußtseins gerade in diesem Bereich. Daß hierin die Kenntnis von Argumenten, die der eigenen Auffassung widersprechen, eingeschlossen sein muß, versteht sich von selbst.

Wenn auf dem Arbeitsblatt zur 9. und 10. Stunde für die Opposition verschiedene Politiker in kurzen Statements zu Wort kommen, während die Regierungsauffassung vorwiegend durch Adenauer allein vertreten wird, so hat das seine Ursachen nicht allein im vorliegenden Quellenangebot, sondern insbesondere auch in der Tatsache, daß die Politik der 50er Jahre durch keine andere Persönlichkeit des Regierungslagers so einprägsam vertreten und formuliert wurde wie eben durch den Bundeskanzler selbst.

Ziele der Stunde

Die Schüler kennen
- den Inhalt der Stalin-Note und ihre Ergänzung;
- den Meinungsstreit, der zwischen CDU-Koalitionsregierung und SPD-Opposition in der Einschätzung der Folgen der Adenauerschen Westpolitik bestand.

Die Schüler erkennen
- daß wichtige damit zusammenhängende Fragen in der westdeutschen Forschung und Publizistik umstritten sind;
- daß die Ursachen dieser Meinungsunterschiede in der Adenauerschen Weigerung begründet sind, den tatsächlichen Verhandlungsspielraum auszuloten;
- daß Adenauer den sowjetischen Angeboten die These von der „Position der Stärke" und der Eindeutigkeit im Bündnis gegenüberstellte;
- daß Westmächte und Bundesregierung diplomatisch in die Defensive gedrängt wurden.

Die Schüler erarbeiten
- aus Bundestagsreden die gegensätzlichen Auffassungen Adenauers und Wehners im Zusammenhang von Westpolitik und Wiedervereinigung.

Die Schüler beurteilen und diskutieren
- die Aussichten und Ergebnisse einer „Politik der Stärke" und möglicher Alternativen;
- die Rolle, die die Alliierten bei der Vertiefung der Spaltung spielten;
- die Seriosität der sowjetischen Vorschläge von 1952 und 1954;
- mögliche Folgen einer Neutralisierung Deutschlands;
- die Folgen der Westkonzeption und deren Vorhersehbarkeit durch Adenauer.

Verlaufsskizze

Unterrichtsschritt 1:
Adenauers deutschlandpolitische Auffassung

Im Zuge der Auswertung der Hausaufgabe werden die Texte 5 und 6 des Arbeitsblattes von den Schülern thesenartig zusammengefaßt. Man hält die Thesen an der Tafel fest (linke Spalte). Es wird dabei deutlich, daß Adenauer eine Beeinträchtigung der Wiedervereinigung durch die Westverträge nicht erwartet oder nicht zu erwarten vorgibt. Eine Politik der Stärke, die durch das westliche Bündnis ermöglicht werde, solle die Verhandlungsbereitschaft der Sowjetunion fördern. Es sei wichtig, erst im richtigen Augenblick zu verhandeln. Eine Neutralisierung Deutschlands schließt Adenauer kategorisch aus.

An dieser Stelle können durch Rückfragen des Lehrers die wichtigsten Bestimmungen der Stalin-Note von 1952 rekapituliert werden. Sollte es notwendig sein, ergänzt der Lehrer diese Kenntnisse durch einige Informationen über den weiteren diplomatischen Verlauf (vgl. zum Notenwechsel Bodensieck

I, 52–54; WdP. 292–94), wobei zumindest die Tatsache erwähnt werden muß, daß die Sowjetunion ein Angebot gesamtdeutscher freier Wahlen nachreichte (9.4.52).

Unterrichtsschritt 2:
Wehners Replik

Die Auffassung der SPD-Opposition wird am Beispiel der Wehnerschen Antwort in der Bundestagsdebatte vom 9./10.7.52 (Text Nr. 7) verdeutlicht. Da sie in allen wesentlichen Punkten konträr zu der regierungsamtlichen verläuft, läßt sie sich von den Schülern ohne Schwierigkeiten in das begonnene Schema einordnen (Tafelanschrieb: mittlere Spalte). Die Quintessenz der SPD-Haltung besteht in der Überzeugung, daß die Westintegration die Wiedervereinigung (auf absehbare Zeit) unmöglich mache. Jede andere Einschätzung hält Wehner für illusionär bzw. unaufrichtig. Adenauers Warnung vor einem neutralisierten Deutschland am Beispiel der Sowjetisierung der Tschechoslowakei hält er die Gefahr der Spaltung und Konfrontation beider deutscher Staaten gegenüber (Stichwort: „Koreanisierung").

Unterrichtsschritt 3:
Fragestellungen als Diskussionsbasis

Aus der Gegenüberstellung beider Auffassungen lassen sich nun leicht weiterführende Fragen gewinnen, die als Grundlage einer Diskussion dienen (s. Strukturskizze). Dabei kann der Lehrer gelegentlich weitere pointierte (kontroverse) Zitate verlesen oder vorlegen, um die Debatte anzuregen. Die folgenden Erläuterungen zu den einzelnen Punkten (Fragen) geben Hinweise auf geeignete Textstellen, die – je nach Stand der Diskussion oder der zur Disposition stehenden Zeit – eingesetzt werden können. Selbstverständlich ist es nicht möglich, alle oder auch nur den größten Teil dieser Statements im Unterricht anzusprechen. Bei einem aufgeweckten Kurs erübrigt sich sowieso ein Teil der Texte, da die Argumente selbständig gefunden werden.

Alternative:
Immerhin ließe sich für den Fall, daß in einem Leistungskurs eine weitere Stunde verfügbar wäre, ein Gruppenunterricht durchführen, der durch Textarbeit gemäß den Angaben und den Hauptfragestellungen weitere Voraussetzungen für die nachfolgende (Podiums-)Diskussion erbringt.

Zu Punkt 1 läßt sich sicherlich unstreitig feststellen, daß Adenauers Behauptung, die Verträge erleichterten die Wiedervereinigung, sich nicht bewahrheitet hat. Diskussionswürdig ist hier allenfalls das Problem, ob ein anderer Weg erfolgversprechender gewesen wäre. [Doch empfiehlt es sich, dieses Problem besser erst am Ende der Stunde ausführlicher zu erörtern, wo anhand einer Historiker-These Stellung bezogen werden kann (s. Punkt 5)].

Zu Punkt 2: Substanzreicher ist wohl die Frage, welche Rolle die Westalliierten in diesem Zusammenhang spiel(t)en. Man geht wohl nicht fehl, wenn man im wesentlichen der „New York Herald Tribune" zustimmt, die im Mai 1952 schrieb:

„Die westlichen Alliierten wollen die deutsche Einheit gar nicht oder doch nicht heute. Sie wollen so schnell und eng wie möglich den Einbau Westdeutschlands in die westliche Gemeinschaft." (FaG 179; dort auch ein bezeichnendes Zitat aus „Le Monde").

Aufschlußreich ist auch das realpolitische Urteil des britischen Deutschland-Experten Lord Strang (Bodensieck, I, 62), dessen Ansatz die wirklichen auf Teilung angelegten Interessen beider Machtblöcke sind.

Zu Punkt 3: Auch über die Entscheidung, mit den Sowjets erst aus der „Position der Stärke" zu verhandeln, ist viel geschrieben und gestritten worden. Als Belege könnte man weiter zu kürzende Textausschnitte von

Pfleiderer (WdP 295; H./K. 85) und C. Schmid (PW 25 f.) dem Adenauerschen Diktum gegenüberstellen, aber auch das Urteil des Historikers Külz (Bodensieck I, 64 f.).

Zu Punkt 4: Die zentrale Frage, für die in der Diskussion die meiste Zeit eingeräumt werden sollte, ist jedoch die, ob die Noten der Sowjetunion eine Wiedervereinigung in Freiheit überhaupt ernsthaft verhießen, ob sie lediglich propagandistisches Störfeuer gegenüber der EVG oder gar ein Mittel zur Sowjetisierung ganz Deutschlands darstellten. Besonders geeignet zur Illustration dieser kontrovers beurteilten Problematik wären hier Gegenüberstellungen von Texten wie Cornides (PuG 209) und Kreisky (WdP 298 f.) auf der einen und Sethe (PuG 209) und Erler (WdP 298) auf der anderen Seite. Auch bieten sich Passagen aus Grossers Deutschlandbilanz (S. 458 f.) oder Vogelsangs Studie an, dessen Fazit einer politischen Einschätzung wohl als repräsentatives im Bereich westlich-bürgerlicher Historiographie gelten kann. [Die sozialistische Geschichtsschreibung (vgl. Doernberg, in: Bodensieck I, 55) sieht dies begreiflicherweise anders.] Seine Skepsis gegenüber den realen Möglichkeiten einer Wiedervereinigung verbindet Vogelsang nämlich mit der Einschränkung:

„Es wäre freilich besser, man könnte dieses Urteil von ,Proben aufs Exempel' herleiten, von den Verhandlungen nämlich, die ebenso ausgeblieben sind wie die offizielle Frage nach dem ,Preis'." (Vogelsang 141)

Zu Punkt 5: Eine weitere, immer wieder aufgeworfene Frage betrifft Adenauers tatsächliche – von der Selbstinterpretation in Reden oder Memoiren unabhängige – Einschätzung der Lage. Es scheint in der Tat wenig überzeugend, daß ein Staatsmann seines Formats die Situation so verkannte, daß er einfach behaupten konnte, man könne mit den Russen genausogut nach den Pariser Verträgen verhandeln. Die Diskussion wird sich also auch damit befassen müssen, wie aufrichtig Adenauer der Öffentlichkeit gegenüber verfahren ist. Hier bietet sich ein Zitat des Historikers Ernst Nolte an, der den Vorwurf mangelnden Interesses an der Wiedervereinigung modifizierend bejaht (FaG 179; K/T. 111):

„an diesem Vorwurf war soviel richtig, daß er die Wiedervereinigung unter den gegebenen Verhältnissen (...) des unentschiedenen kalten Krieges nicht für möglich hielt."

Dieser kurze Textausschnitt sollte den Schülern in jedem Fall zur Kenntnis gebracht werden, u. U. ergänzt durch Waldemar Bessons Urteil (Text Nr. 8). Mit der Auseinandersetzung über diese Thesen endet die Stunde. Eine Zusammenfassung der Diskussionsergebnisse oder gar ein abschließendes Gesamturteil ist nicht gefordert. Allerdings soll in der Hausaufgabe eine gewisse Rekapitulation des Stoffes und eine Begründung der daraus gebildeten Meinung erfolgen.

Alternative:
Es ist auch möglich, den Unterrichtsschritt 5 der 9. Stunde zu Beginn der 10. Stunde zu behandeln. Die dafür erforderliche Zeit ließe sich dadurch gewinnen, daß man die Diskussion auf einen Hauptgesichtspunkt beschränkt: die Frage nämlich, inwieweit Adenauers Deutschland- bzw. Wiedervereinigungspolitik realistisch bzw. aufrichtig gewesen ist. Dazu stünden in Info 176, S. 14 f. geeignete Textauszüge zur Verfügung. Es genügt hier die exemplarische Gegenüberstellung der Standpunkte A. Barings (S. 14) und K. Gottos (14 f. – die ersten 3 Absätze weglassen). Die Texte müssen den Schülern dann schriftlich vorliegen.

Hausaufgabe

Beantworten Sie stichwortartig zwei der „weiterführenden Fragen" (Strukturskizze), und begründen Sie jeweils Ihr Urteil!

11. Stunde:
Das innerdeutsche Verhältnis
(1955–1969)

Zur didaktischen Funktion

Die 11. Stunde behandelt das innerdeutsche Verhältnis in der Zeit zwischen den Pariser und Warschauer Verträgen und dem Regierungsantritt Brandts. Die Zäsur wird im Unterricht eigens begründet, wobei die Amtsperiode Kiesingers bereits als Übergang zur Trendwende gedeutet wird. Wenn in dieser Stunde die Wiedervereinigungs-Problematik vorwiegend als innerdeutsche Auseinandersetzung gesehen wird, so darf dies natürlich nicht darüber hinwegtäuschen, daß der Schlüssel zur Einheit nach wie vor bei den Großmächten lag. Immerhin sollte auch der Beitrag der innerdeutschen Politik zum kalten Krieg bzw. zur Entspannung nicht unterschlagen oder gar unterschätzt werden.

Die verschiedenen mehr oder minder propagandistischen Versuche von Seiten der DDR und der Bundesrepublik, in Sachen Gesamtdeutschland initiativ zu werden, sind im vorliegenden Stundenentwurf aus didaktischen Gründen auf wenige, aber repräsentative Beispiele reduziert (vgl. z. B. DDR-Handbuch 203–11; vgl. auch: F. Kopp, Kurs auf ganz Deutschland. Die Deutschlandpolitik der SED, Stuttgart 1965). Dabei gilt das Interesse vornehmlich der Frage, in welchem Verhältnis Aktion und Reaktion in beiden deutschen Staaten zueinander standen. Die 1966 wechselnde deutschlandpolitische Initiative wird in diesem Zusammenhang ausgiebig gewürdigt und graphisch erfaßbar gemacht.

Als diskussionswürdig erscheint zudem ein Symptom innerdeutscher Abgrenzungs- bzw. Bestätigungspolitik: die sportlichen Beziehungen und Würdigungen beider deutscher Staaten. Der spektakuläre Siegeszug von DDR-Sportlern seit Mitte der 60er Jahre im internationalen Vergleich bot sich – neben dem ökonomischen Aufstieg – mit einiger Zwangsläufigkeit als Legitimation und Public Relations eines noch nicht weltweit akzeptierten Regimes an. Gleichzeitig trieb er damit die Westdeutschen in eine verkrampfte Konkurrenzsituation hinein, zumal man hierzulande diese Erfolge als innerdeutsche Herausforderung empfand. Dieses (sozialpsychologische) Phänomen sollte – wenn irgend sich Zeit findet – den Schülern zumindest andeutungsweise zur Kenntnis gebracht und als z. T. noch weiterbestehendes diskutiert und beurteilt werden.

Ziele der Stunde

Die Schüler wissen,
– daß während der 50er Jahre beide deutsche Staaten noch am Ziel der deutschen Einheit festhielten;
– daß aber seit Mitte der 50er Jahre für die DDR dieses Ziel nur noch in Verhandlungen zwischen gleichberechtigten deutschen Staaten erreichbar sein sollte (Konföderationsplan);
– daß seit Ende der 60er Jahre die DDR offen die Festschreibung der Spaltung forderte;
– daß dieser Forderung in der Bundesrepublik bis 1969 der Alleinvertretungsanspruch gegenüberstand.

Die Schüler erkennen,
– daß bis 1966 die deutschlandpolitischen Aktivitäten vor allem von der DDR ausgingen, während anschließend die Initiative langsam auf die Bundesrepublik überging;
– daß die nun offen bekundete antigesamtdeutsche Politik der DDR eine Folge der offensiveren Deutschlandpolitik der Bundesregierung war;
– die Bedeutung des Mauerbaus für die DDR und die westdeutsche Wiedervereinigungspolitik;

- die Bedeutung, die Westberlin als Druckmittel der DDR in bezug auf das innerdeutsche Verhältnis besaß.

Die Schüler erarbeiten (anhand von Texten)
- die durch Chruschtschows Rede angedeuteten Veränderungen in der sowjetischen Deutschlandpolitik;
- die wesentlichen Vorschläge des Ulbrichtschen Konföderationsplans.

[Die Schüler beurteilen
- die Rolle des Leistungssports als Mittel der Politik im Rahmen der innerdeutschen Beziehungen.]

Verlaufsskizze

Unterrichtsschritt 1:
Chruschtschows Erklärung von 1955

Das Verlesen und Besprechen der Hausaufgabe, insbesondere der 3. („weiterführenden") Frage, leitet über zu den unmittelbaren Folgen der Blockbildung des Jahres 1955. Diese werden anhand eines den Schülern vorgelegten Redeausschnittes Chruschtschows (Bodensieck I, 71 f.; Reichert 88 f.) behandelt. Als wichtigste Punkte dieser Rede wird von den Schülern herausgestellt,
- daß eine „mechanische Vereinigung beider Teile" nicht mehr in Frage komme;
- daß die „sozialistischen Errungenschaften" der DDR unangetastet bleiben sollen;
- und daß die Vereinigung jetzt eine Sache der Deutschen selber sei.

Unterrichtsschritt 2:
Periodisierung des innerdeutschen Verhältnisses

Der zuletzt genannte Gedanke führt zum Thema der Stunde, das der Lehrer an die Tafel schreibt: „Das innerdeutsche Verhältnis (1955–69)". Die nächste Frage zielt auf die Begründung dieser zeitlichen Eingrenzung. Während das Jahr 1955 als Grenzmarke sofort begründet werden dürfte (Eintritte in Nato und Warschauer Pakt nach vorherigen Neutralitäts-Diskussionen), darf vielleicht auch erwartet werden, daß der eine oder andere Schüler das Jahr 1969 mit dem Regierungsantritt Brandts in Verbindung bringt. Zumindest dürfte aber nach Nennung des Faktums das Ergebnis der neuen Ostpolitik bekannt sein. Hieran anknüpfend erläutert der Lehrer, daß die ostpolitische Neuorientierung nicht voraussetzungslos und völlig abrupt vonstatten gegangen sei, sondern daß sich bereits mit den Großen Koalition des Jahres 1966 ein gewisser Tendenzwechsel angebahnt habe. Daraus ergibt sich die weitere zeitliche Aufteilung, welche jetzt an der Tafel vorgenommen wird. Zuvor wird als Resümee der Jahre bis 1955 ein gemeinsames Festhalten an der Wiedervereinigung konstatiert (s. Tafelanschrieb).

Unterrichtsschritt 3:
Die innerdeutschen Beziehungen 1955–66

Nun werden einige grundlegende Ereignisse der Jahre bis 1966, die das innerdeutsche Verhältnis betreffen, besprochen und an der Tafel fixiert. Da die DDR in den 50er und beginnenden 60er Jahren eindeutig die offensivere Deutschlandpolitik betrieb, wird ihre Politik zuerst besprochen (linke Spalte) und die Haltung der Bundesrepublik Deutschland (rechte Spalte) als bloße Reaktion gekennzeichnet. Sie wird deshalb anschließend behandelt. (Dies ändert sich, als 1966 auch von seiten der Bundesrepublik deutschlandpolitische Initiativen ausgehen und die DDR diplomatisch in die Defensive gedrängt wird. Nun beginnt der Lehrer – in der linken Spalte des Abschnitts „1966–69" – mit der Besprechung der bundesrepublikanischen Deutschlandpolitik, und es folgen, jeweils als Reaktionen gekennzeichnet, die Maßnahmen der DDR.

Mit Chruschtschows Rede von 1955 waren Essentials der künftigen DDR-Haltung bereits vorgezeichnet. Ulbricht stieß in diesem Sinne mit seinem Konföderationsplan von 1957 nach. Ein Textauszug davon (Bodensieck I, 73 f.; Reichert 91 f.) wird den Schülern vorgelegt. Die anschließende Quellenanalyse arbeitet folgende Punkte heraus:
- Verhandlungen beider Regierungen *vor* gemeinsamen Wahlen (Grundlage: „Zwei-Staaten-Theorie")
- soziale und militärpolitische Veränderungen in Westdeutschland als Vorbedingung.

Das Unterrichtsgespräch leitet zur Erkenntnis über, daß die Hauptabsicht dieses Angebots darin bestand, in direkte Beziehungen zur Bundesrepublik zu kommen. Dies mußte den ostdeutschen Staat automatisch aufwerten. Der Lehrer informiert darauf kurz über den bundesrepublikanischen Standpunkt: Während Ostberlin den Plan einer gesamtdeutschen Konföderation mit gewissen Modifizierungen bis Ende der 60er Jahre immer wieder vertrat, nahm Bonn entsprechende Offerten offiziell nicht zur Kenntnis. Da die Bundesrepublik eine (völkerrechtliche) Anerkennung der DDR kategorisch ablehnte und jeden Versuch eines direkten Kontaktes unterband, blieben die deutschlandpolitischen Aktivitäten auf ein bloßes Verhindern dieser Anerkennung beschränkt. Der Alleinvertretungsanspruch kam in der sog. „Hallstein Doktrin" zum Ausdruck, die zum diplomatischen Bruch mit Jugoslawien und Kuba führte. Hier könnte sich die Frage anschließen, wie ein solches, rein reaktives Verhalten zu bewerten sei. Daß dieses Politkonzept nicht nur der DDR den propagandistischen Vorteil beließ, sondern sich zudem auch noch an machtpolitischen Realitäten stieß, erkennen die Schüler spätestens, wenn das Stichwort „Berlin" gegeben wird. Der darauf folgende Lehrervortrag geht kurz auf die Verhärtung im innerdeutschen Verhältnis ein. Chruschtschow hatte 1958 ein Ultimatum gestellt, das die Westalliierten zum Abzug aus der „Freistadt Berlin" aufforderte („Drei-Staaten-Theorie"). Höhepunkt der Krise und ‚Lösung' zugleich war der Bau der Mauer am 13. August 1961. Die Bedeutung dieses Ereignisses wird im Unterrichtsgespräch geklärt (Leitimpuls etwa: „Man hat die Mauer als ‚ökonomische Notwehr' der DDR und als ‚Bankrotterklärung der Adenauerschen Wiedervereinigungspolitik' bezeichnet." – Stellungnahme!). Dabei erwies sich, daß einerseits die ökonomische und soziale Konsolidierung der DDR für diese den Prestigeverlust aufwog, andererseits, daß die „Politik der Stärke" zumindest in gesamtdeutscher Hinsicht angesichts des russischen Machtzuwachses (H-Bombe; Sputnik) wenig erfolgreich war. Wie verwundbar die westliche Position infolge der „Achillesferse" Westberlin war, zeigten auch die Passierscheinverhandlungen, auf die der Lehrer erläuternd verweist. Sie wurden 1963 vom Berliner Senat aufgenommen, 1966 aber nicht verlängert, da man die völkerrechtlichen Implikationen ablehnte. Ostberlin saß hier am längeren Hebel und befand sich zudem durch verschiedene von der Bundesregierung stets ignorierte Wiedervereinigungsvorschläge diplomatisch-propagandistisch in der besseren Lage.

Unterrichtsschritt 4:
Das innerdeutsche Verhältnis
1966–69

Der in diesem Unterrichtsschritt zu behandelnde Stoff ist in den Schulbüchern in der Regel nicht oder nicht ausführlich behandelt. Er muß daher vorwiegend als Lehrervortrag dargeboten werden, in dem etwa die unten beschriebenen Inhalte angesprochen werden. Die Problematisierung verbleibt allerdings im Aufgabenbereich der Schüler. Dies sollte durch vertiefende Fragen im Anschluß

an den jeweiligen Tafelanschrieb geschehen, wie z. B.:
- Welche Bedeutung haben die ‚Gegenverträge' der DDR? (Wechsel der deutschlandpolitischen Initiative; DDR in der Defensive, aber: keine Ostpolitik unter Ausklammerung der DDR)
- Gibt es Gemeinsamkeiten der Intentionen zwischen dem Plan eines Redneraustauschs und dem Kiesinger-Brief? (Absicht der Beeinflussung von Teilen der jeweiligen Parteiengefolgschaft)
- Welche Ursachen hatte die antigesamtdeutsche Kampagne der DDR? (Befürchtungen über gesamtdeutsche Fraktion innerhalb der SED; Abgrenzung vor der Bevölkerung).

Der Lehrervortrag sollte folgende Inhalte vermitteln:
Wie sehr man in der DDR durch westdeutsche Bereitschaft zu Kontakten und Kompromissen verunsichert wurde, zeigen die vorsichtigen Änderungen der Politik kurz vor und während der Großen Koalition. Bereits die Akzeptierung des SED-Angebots zum Redneraustausch durch die SPD brachte für die DDR-Führung enorme parteiinterne Probleme, die nur mühsam mit der – durch Bonner Ungeschicklichkeit („Handschellengesetz") erleichterten – Absage aus der Welt geschafft werden konnten. Gravierender für Ostberlin war, daß die Regierung Kiesinger/Brandt mit der Aufnahme diplomatischer Beziehungen zu Rumänien gegenüber sozialistischen Staaten einen flexibleren deutschlandpolitischen Kurs anzudeuten begann. Hier sah sich die DDR genötigt, in Gegenverträgen mit den Warschauer-Pakt-Staaten einer Art ostdeutsche „Hallstein-Doktrin" zu installieren (Beziehungen zur Bundesrepublik nur, wenn diese die DDR anerkannt hatte). Schwierigkeiten verursachte auch Kiesingers Brief vom 12. 4. 67 an den SED-Parteitag, in dem erstmals ein Bundeskanzler sich an ein DDR-Gremium gewandt hatte, sowie die im Briefwechsel Stoph-Kiesinger bekundete Bereitschaft der Bundesregierung, auf höchster Ebene über menschliche Erleichterungen und Entspannungsmaßnahmen zu konferieren. Die antigesamtdeutsche Kampagne, in deren Verlauf Ulbricht eine Wiedervereinigung als „nicht real", es sei denn im Sozialismus, bezeichnete, und die Ostberliner Maximalforderung („völkerrechtliche Anerkennung") leitete zwar einerseits eine frühe Phase der Abgrenzung ein, andererseits war aber der „Schwarze Peter" der Behinderung der Wiedervereinigung erstmals an die DDR zurückgegeben.

Alternativen
(zu U'schritt 4):
Wer den langen Lehrervortrag scheut, könnte die nötigen Informationen den Schülern auch durch ein Arbeitsblatt zukommen lassen, das Auszüge aus dem DDR-Handbuch (S. 209) enthält. Denkbar wäre hier auch ein Schüler-Kurzreferat.

(U'schritt 5; fakultativ):
Sport als Mittel innerdeutscher Politik
Der hier skizzierte Unterrichtsschritt ist *fakultativ* und sicherlich auch davon abhängig, ob in der Stunde noch genügend Zeit zur Verfügung steht. Zur anschaulichen Abrundung der Problematik, die zudem der Motivationslage der Schüler voraussichtlich entgegenkommt, könnte man immerhin die Rolle des Sports als Mittel der innerdeutschen Auseinandersetzung diskutieren. Ist es doch ein unübersehbares Symptom der vertieften Spaltung, daß die Olympiamannschaften beider deutscher Staaten 1968 erstmals getrennt an den Start gingen, wobei Medaillen mehr oder weniger offen als Rechtfertigung der jeweiligen Gesellschaftssystems bzw. der aktuellen politischen Haltung angesehen wurden. Wie systematisch dies von Seiten der DDR betrieben wurde, belegt z. B. der Bericht der ehemaligen DDR-Sprinterin Renate Neufeld („DDR: Schluck Pillen oder kehr Fabriken aus", in: Der Spiegel 12/1979, S. 194–207), der als kurzes Schülerreferat vergeben werden kann. Zur Vertiefung des Themas sollten den Schülern zwei typische Belege innerdeutschen Prestigedenkens zur Auswertung und Stellungnahme überlassen werden (T 1 u. 2).

Hausaufgabe

Erarbeiten Sie anhand des Lehrbuchs die wichtigsten Merkmale der ökonomischen Entwicklung in der Bundesrepublik und der DDR (Stichworte über Voraussetzungen und Ergebnisse anfertigen)!

Vorschlag für ein Arbeitsblatt (U'schritt 5; fakultativ)

1a „Im Prozeß der Vollendung des Sozialismus in der DDR erwachsen Körperkultur und Sport wichtige gesellschaftliche Aufgaben. Es ist erforderlich, (...) eine würdige Repräsentation der DDR zu sichern. (...) Als Mittel der körperlichen Erziehung sind die leichtathletischen Übungen nicht indifferent. Die Körperkultur als gesellschaftliche Erscheinung bestimmt sie stets zu bewußten Handlungen, die den politischen Zielen und kulturellen Interessen der jeweils herrschenden Klasse dienen. (...)
Im internationalen Leistungssport hat die Leichtathletik eine besonders große Bedeutung. Das Niveau der sportlichen Rekorde und der Bestenlisten in allen Disziplinen sowie die Erfolge der besten Leichtathleten bei Länderkämpfen, Europameisterschaften und Olympischen Spielen sind mitbestimmend für das Gesamtniveau der Körperkultur und für das internationale Ansehen der DDR."
(Die Bedeutung der Leichtathletik innerhalb der sozialistischen Körperkultur der DDR, hg. v. Autorenkoll. unter Leitung v. G. Schmolinsky, Berlin-O 1973, S. 15 u. 17)

1b „Sportliches Können ist auch Grundlage und Voraussetzung der großen sportlichen Leistung, die international auffällt und exakt in Zahlen und Punkten erfaßt werden kann. Dadurch wird ein aufschlußreicher internationaler Vergleich möglich, und das sportliche Können der Jugend eines Landes gewinnt heute mehr und mehr eine hohe Relevanz in nationaler und internationaler Sicht. Der große Könner im Sport wird Repräsentant seines Staates."
(Bewegungslehre, hg. v. Autorenkollektiv unter Leitung v. K. Meinel/G. Schnabel, Berlin-O 1977, S. 53)

2 Anzeige der Deutschen Sporthilfe im „STERN" (siehe S. 75)

12. Stunde:
Wirtschaftliche und gesellschaftliche Entwicklung in Ost- und Westdeutschland

Zur didaktischen Funktion

Nachdem in den vorherigen Stunden die nationalen und internationalen Deutschland-Aktivitäten sowie die machtpolitischen Entscheidungen der Großmächte im Vordergrund standen, schließt sich nun die Betrachtung der wirtschaftlichen und sozialen Entwicklung an. Etwa in dieser Reihenfolge haben übrigens auch die ausländischen Zeitgenossen das deutsche Problem wahrgenommen, als sie mehr oder weniger überrascht konstatierten, daß nach beendeter Integration in jeweils einen Machtblock jeder Teilstaat Deutschlands sein eigenes „Wirtschaftswunder" produzierte.

Daß dabei das bundesrepublikanische spektakulärer ausfiel als das der DDR, wurde in der frühen Phase der ideologischen Konkurrenzsituation nicht selten als unabweisbarer Beleg weltanschaulicher und wirtschaftspolitischer Überlegenheit gedeutet, während die unterschiedlichen Startvoraussetzungen erst allmählich ins Bewußtsein der Öffentlichkeit

traten (Zur Kritik gerade dieser vulgärökonomischen Argumentation vgl. H. Freiwald / G. Moldenhauer / D. Hoof / H.-J. Fischer, Das Deutschlandproblem in den Schulbüchern der BRD, Düsseldorf 1973, 84 ff., 129 ff. u. a.). Das Thema verweist also bereits hier auf zwei Aspekte, die beide zumindest angesprochen werden sollen. Es geht
1. um die wichtigsten Einzelheiten der sozialen und ökonomischen Aufbauleistung in beiden deutschen Staaten,
2. um die von weltanschaulicher Parteilichkeit getragene Darstellung dieser Fakten als Symptom innerdeutscher Auseinandersetzung im kalten Krieg.

Behandelt wird in dieser Stunde vornehmlich der erste Gesichtspunkt, während der zweite allerdings als gedankliches Korrektiv bei der Einschätzung der Phänomene ständig präsent sein soll. Wie auskunftsträchtig die Effektivität eines Wirtschaftssystems oder die Prozentzahlen eines Sozialbudgets auch sein mögen, eine explizite Bewertung soll hier zugunsten einer entwicklungsmäßigen Erläuterung des Erreichten weitgehend vermieden werden. Ein halbwegs aussagekräftiger und objektiver Systemvergleich kann im Rahmen der kurzen Zeit ohnehin nicht geleistet werden und ist auch nicht unbedingt anzustreben, da einige Curricula dem eine eigene Unterrichtssequenz widmen. Der vorliegende Stundenentwurf beschränkt sich demgemäß auf einen globalen Überblick, soweit er zum Verständnis der Deutschlandproblematik nach dem 2. Weltkrieg unerläßlich ist.

Dabei scheint es didaktisch sinnvoll, einen Teil der Fragen unmittelbar aus der Bestandsaufnahme abzuleiten. So werden in diesem Fall Kriterien zur Kennzeichnung der sozialen Entwicklung direkt aus der Problembetrachtung der ökonomisch-bevölkerungsmäßigen Situation in der DDR gewonnen. Anschließend erfolgt als Ergebnissicherung der Gruppenarbeit die Vervollständigung des so ermittelten Rasters.

Weiterführende Literatur:

(vgl. auch 4. Stunde)

K. Sontheimer / W. Bleek, Die DDR. Politik, Gesellschaft, Wirtschaft, Hamburg ^{5}1979

G. Erbe u. a., Politik, Wirtschaft und Gesellschaft in der DDR, Opladen 1979

DDR. Sozialwissenschaftliche Informationen für Unterricht und Studium 4/1979, Stuttgart (Klett) 1979

DDR – Wirtschaft – eine Bestandsaufnahme, Frankfurt/M. 1971 (TB)

F. Schenk, Das rote Wirtschaftswunder, Stuttgart 1969

E. Richert, Das zweite Deutschland. Ein Staat, der nicht sein darf, Gütersloh 1964

ders., Die neue Gesellschaft in Ost und West. Analyse einer lautlosen Revolution, Gütersloh 1966

ders., Die DDR-Elite, Reinbek 1968 (TB)

W. Pfeiler, DDR-Lehrbuch, Bonn 1974

D. Graichen / L. Rouscik, Zur sozialistischen Wirtschaftsorganisation, Berlin (Ost) 1971

Politische Ökonomie des Sozialismus und ihre Anwendung in der DDR, Berlin (Ost) 1969

H. Rausch / Th. Stammen (Hg.), DDR – Das politische, wirtschaftliche und soziale System, München 1975

E. Schneider, Die DDR – Geschichte, Politik, Wirtschaft, Gesellschaft, Stuttgart 1975 (TB)

(weitere Literatur s. z. B.: Boeck 103 f.)

Ziele der Stunde

Die Schüler kennen
– die hauptsächlichen wirtschaftsgeographischen, finanziellen personellen wie ordnungspolitischen Voraussetzungen der ökonomischen Entwicklung in der Bundesrepublik Deutschland und der DDR;
– die Ergebnisse dieser Wirtschaftsentwicklung im internationalen Vergleich;

– einige wichtige ökonomische Probleme in Ost- und Westdeutschland.

Die Schüler erkennen
– daß die DDR unter wesentlich ungünstigeren Voraussetzungen den wirtschaftlichen Wiederaufbau betreiben mußte;
– Ursachen des schnellen „Wirtschaftswunders" in Westdeutschland;
– die ideologische und ökonomische Basis der ostdeutschen Alten-, Jugend-, Frauen-, Bildungs- und Berufspolitik;
– die wichtigsten Unterschiede dieser Bereiche zur Bundesrepublik;
– am Beispiel der Konsequenzen, die sich aus den demographischen Gegebenheiten in der DDR ableiten lassen, Zusammenhänge zwischen Wirtschafts- und Sozialpolitik.

Die Schüler erarbeiten
– anhand von Texten einige wesentliche Unterschiede im Sozialsystem beider deutscher Staaten;
– Grundkriterien zum Vergleich der jeweiligen Sozialpolitik.

Die Schüler beurteilen
– die Wirtschafts- und Sozialleistungen in Ost- und Westdeutschland nach Maßgabe ihrer Voraussetzungen;
– den Mauerbau unter ökonomischem und humanitärem Aspekt.

Verlaufsskizze

Unterrichtsschritt 1:
Wirtschaftliche Entwicklung
in der Bundesrepublik Deutschland
und der DDR

Um Zeit zu sparen, beginnt die Auswertung der Hausaufgabe damit, daß der Lehrer gleich eine Matrix an die Tafel schreibt, durch welche die Betrachtung der wirtschaftlichen Entwicklung in Ost- und Westdeutschland strukturiert und auf wesentliche Aspekte reduziert wird. Dabei kann die Eintragung der jeweiligen Ergebnisse des Unterrichtsgesprächs grundsätzlich sowohl vertikal als auch horizontal erfolgen; die zuletzt genannte Methode dürfte aber wegen der schnelleren Vergleichbarkeit vorzuziehen sein.

Als Fazit der wirtschaftlichen Voraussetzungen beider deutscher Staaten ist auf die wesentlich günstigere Ausgangsbasis der Bundesrepublik hinzuweisen. In wirtschaftsgeographischer Hinsicht werden beide Seiten durch die Zerschlagung eines hochspezialisierten verflochtenen Wirtschaftsraumes geschädigt. Darüber hinaus aber hatte die Bundesrepublik durch die bessere Rohstoffausstattung (vgl. z. B. die Karte in: K. G. Fischer / E. Heide / D. Zitzlaff, Vergleich der Wirtschaftssysteme in beiden deutschen Staaten, U-Modell, Stuttgart ²1976, S. 43; dazu auch zu weiteren Voraussetzungen: DDR-Wirtschaft. Eine Bestandsaufnahme, Frankfurt/M. 1974, TB, S. 26 ff.) einige Vorteile, wobei das landwirtschaftliche Defizit (gegenüber der DDR) ökonomisch nicht so stark ins Gewicht fiel. Gravierender waren aber die ungeheuren finanziellen Belastungen, die durch Zerstörungen, Demontagen und Reparationsforderungen auf die deutschen Staaten zukamen. Auch hierbei hatte es die DDR schlechter getroffen. In der SBZ waren 45% der Produktionskapazität im Krieg zerstört worden, in den Westzonen nur 20% (vgl. – auch zu weiteren Startvoraussetzungen – R. Thomas, Modell DDR. Die kalkulierte Emanzipation, München/Wien ⁶1977, S. 72 ff.). Die Verluste durch Demontagen und Reparationen betrugen nach vorsichtigen Schätzungen bis 1953 in der DDR 66,4 Mrd. Mark oder 15,8 Mrd. Dollar nach damaligem Kurs (DDR-Handbuch, 726; F. Baade – in: Thomas a. a. O., S. 73 – beziffert sie sogar auf 85 Mrd. Mark). Die bundesrepublikanischen Verluste sollen sich hingegen lediglich auf 5 Mrd. Mark belaufen haben (Zweimal 16), wobei seit 1948 ja schon Marshallplan-Gelder in Höhe von 1,5 Mrd. Dollar nach Deutschland flossen. Unter diesen Umständen ist es angebracht, darauf aufmerksam zu machen, daß der überwiegende Anteil der Kriegsfolgelasten von der flächen- und bevölkerungsmäßig wesentlich kleineren DDR aufgebracht werden mußte. Hinzu kommt, daß dies noch in einer wirtschaftlich unglücklichen Situation des Wiederaufbaus zu geschehen hatte, während die späteren Wiedergutmachungsleistungen der Bundesrepublik an Israel eine florierende Konjunktur zur Voraussetzung hatten.

Zusätzliche, gar nicht hoch genug einzuschätzende Beeinträchtigungen des Wirtschaftslebens ergaben sich auch durch den Massen-Exodus von DDR-Bewohnern. Bis zum Mauerbau 1961 waren es 3,3 Mio. meist hochqualifizierter Fachkräfte, deren verlorene Ausbildungskosten der DDR-Wirtschaft schwer zu schaffen machten. Waren diese Bevölkerungsgruppen in den ersten Jahren angesichts einer hohen Arbeitslosigkeit im Westen noch eine zusätzliche Belastung, so änderte sich dies bald. Im Zuge des ökonomischen Aufschwungs in der Bundesrepublik verstärkte dieses geschulte Arbeitskräftepotential die konjunkturelle Basis nicht unbeträchtlich.

Als kurzer Exkurs, der zudem belegt, daß das Problem noch nicht völlig „historisch" ist, bietet sich die Lehrer-Information an, daß solche Wirtschaftsüberlegungen auch Gesprächsgegenstand während des Erfurter Treffens von 1970 waren. Als Stoph als Bundeskanzler Verluste der DDR „durch den gesellschaftlichen Aufwand für den Unterhalt, die Erziehung und die Ausbildung der abgeworbenen Kader, durch Grenzgängerei in Westberlin" etc. geltend machte, antwortete Brandt: „Man kann die Folgen des Gesellschaftssystems, das Sie eingeführt haben, nicht auch noch von uns bezahlen lassen." (K. G. Fischer u. a., S. 48 nach „Der Spiegel").

Über die jeweilige Wirtschaftsordnung braucht man nach der Begriffsklärung „soziale Marktwirtschaft" und „sozialistische Planwirtschaft" nicht allzuviel Worte zu verlieren. Hier müßten Kenntnisse aus der Sozialkunde bereits vorhanden sein.

Eine Vertiefung der grundsätzlichen Problemalternative „Orientierung am Markt" oder „Orientierung am Plan" wäre im Zusammenhang mit dem fakultativen Abschnitt „Probleme" zu erreichen (s. Tafelbild). Dies sollte aber nur dann angestrebt werden, wenn – was sich leicht rechtfertigen ließe – für das ganze Thema eine Doppelstunde zur Verfügung stände. In diesem Fall sollten einige der drängendsten Probleme beider Wirtschaftssysteme diskutiert werden:
– im Westen die Tendenz zur Überproduktion (z. B. die Landwirtschaft der EG) und zur künstlichen Schaffung von Bedürfnissen, dazu das größere persönliche Risiko;
– im Osten Bürokratisierung und mangelnde Rationalisierung in vielen Bereichen der Industrie, die zu unproduktiven Leistungen – besonders in der Landwirtschaft – führen;
– die Abhängigkeit vom Comecon, die ein schnelles Reagieren auf weltwirtschaftliche Veränderungen äußerst beeinträchtigt etc.

Sollte sich hier ein Schüler finden, der in einem Kurzreferat einige Thesen Rudolf Bahros (Die Alternative. Zur Kritik des real existierenden Sozialismus, Köln 1977) vorstellt, wäre dies von großem Vorteil (zur schnellen Information auch über die Frage der wirtschaftlichen Leistungsfähigkeit s. Boeck, 12 f.).

Die Analyse der Voraussetzungen schließt mit der Feststellung der wirtschaftlichen Ergebnisse ab. Daß dabei dem westdeutschen „Wirtschaftswunder" (4. Platz unter den leistungsstärksten Industrienationen, 1. in der EG) ein ostdeutsches gegenübersteht (10. Platz in der Welt, 2. im Comecon), ist das wichtigste Resultat. Daß dennoch die DDR die Bundesrepublik nicht – wie geplant – wirtschaftlich einzuholen vermochte – insbesondere nicht im Bereich (gehobener) Konsumgüter –, dürfte den Schülern geläufig sein.

Unterrichtsschritt 2:
Aufstellung von Kriterien
zur Beurteilung der Sozialpolitik

Die Betrachtung der Wirtschaftsentwicklung verweist auf die Gesellschaft. Wenn unter den genannten Voraussetzungen diese ökonomischen Resultate erbracht wurden, so liegt es nahe, die sozialen Bedingungen bzw. Folgen zu erfragen. Da das Problemfeld auf wenige Punkte beschränkt werden muß, greift man sich im Unterricht am besten den Aspekt „personelle Voraussetzungen" heraus. Den Schülern wird sicherlich schnell einsichtig, daß z. B. die durch die Fluchtbewegung verschärfte Arbeitskräftesituation in der DDR ihre gesellschaftlichen Konsequenzen nach sich ziehen mußte. Diese Einsicht kann vom Lehrer gefördert werden, wenn er nach kurzer Erläuterung der demographischen Struktur
(Überalterung, Frauenüberschuß:
1971 Personen älter als 60 Jahre:
22% DDR; 19% Bundesrepublik
1971 Personen im erwerbstätigen Alter:
57% DDR, 60% Bundesrepublik
nach: DDR-Wirtschaft, a. a. O., S. 30)
Fragen stellt wie etwa:
Welche Notwendigkeiten ergeben sich angesichts dieser demographischen Struktur für eine staatliche Arbeits- und Sozialpolitik?
Die Schüler sollen sich dabei zunächst einmal rein theoretisch äußern, ohne daß besondere Vorkenntnisse über den konkreten historischen Prozeß erforderlich sind. Auf diese Weise werden voraussichtlich einzelne gesellschaftliche Gruppen und damit zusammenhängende Probleme genannt, denen nun unsere Aufmerksamkeit gelten soll: Alte, Frauen, Jugendliche (Schul- und Berufsausbildung). Hierdurch werden Kriterien gewonnen, die bei der folgenden Analyse des Sozialsystems hilfreich sind. Als zweite Komponente der Sozialentwicklung in der DDR wird auf den starken Einfluß der sozialistischen Ideologie verwiesen, nach der zunächst einmal die Eigentumsstrukturen verändert werden mußten. So ergeben sich nun zur Beurteilung der sozialen Entwicklung vier Hauptbereiche, die an die Tafel geschrieben werden:
– Sozialstruktur
– Jugend- und Altenpolitik
– Bildung und Arbeitswelt
– Frauenpolitik

Unterrichtsschritt 3:
Soziale Entwicklung in der DDR
und der Bundesrepublik Deutschland

Nach diesen Gesichtspunkten teilt der Lehrer den Kurs in vier Gruppen auf, die eigenständig mit Hilfe von knappen Textauszügen die jeweiligen Probleme angehen. Die Ergebnisse werden zu Stichworten komprimiert, die drei Zeilen nicht übersteigen sollten, und im Tafelschema festgehalten. Es kommt dabei nicht unbedingt darauf an, daß die in der Strukturskizze gewählten Formulierungen oder auch Inhalte denen der Schüler entsprechen. Bei einer so komplexen Materie ergeben die behandelten Punkte sowieso kein repräsentatives Bild, sondern allenfalls Mosaiksteine dazu. Wichtiger als die
– bei mehr Zeit durchaus sinnvolle – Beschäftigung mit statistischen Vergleichen (besonders geeignet als Quellengrundlage: Zahlenspiegel Bundesrepublik Deutschland / Deutsche Demokratische Republik – Ein Vergleich, hrsg. v. Bundesmin. f. innerdt. Bez., Gesamtdt. Inst. Bonn 1978) ist die allgemeine Feststellung einer Interdependenz von Ökonomie, Ideologie und Sozialpolitik, die zudem an der konkreten historischen Situation exemplifiziert wird. Mit den erforderlichen Ergänzungen durch den Lehrer sollte diese Arbeitsphase zu folgenden Ergebnissen führen:

Zur Sozialstruktur (= Gruppe 1):
Die Gruppe erarbeitet die wesentlichen Sachverhalte anhand einer Zusammenfassung in: PW 132, 1. Abs. und Boeck 11 f. Ein

Teil der Problembehandlung erweist sich als immanente Wiederholung der 4. Stunde.
Hier gilt es, zumindest einen generellen Unterschied hervorzuheben. Während in der DDR seit 1945 bewußt eine soziale Nivellierung angestrebt und durch rigorose Enteignungen auch weitgehend durchgesetzt wurde, hat es in der Bundesrepublik eine vergleichbare wirtschaftliche „Stunde Null" nicht gegeben. Die Besitzverhältnisse wurden hier grundsätzlich nicht angetastet, seit 1950 durch den Lastenausgleich allenfalls einige Härten beseitigt.

Zur Jugend- und Altenpolitik (= Gruppe 2):
Die Schüler gehen bei ihrer Gruppenarbeit von einem Textauszug aus R. Thomas 65 f. sowie einer Zusammenfassung in Boeck 8 f., aus.
Auch hier zeigen sich deutliche Unterschiede. Während in der Bundesrepublik seit der Rentenreform von 1957 durch die Dynamisierung eine stete Rentenerhöhung erreicht wurde (Verdreifachung innerhalb von 20 Jahren), welche die ältere Generation am Wirtschaftswachstum deutlich teilhaben ließ, stellen sich DDR-Pensionäre nicht so gut. Zwar gibt es auch hier in bestimmten Abständen Anpassungen an das ökonomische Wachstum, aber das Rentenniveau ist – nicht zuletzt wegen der ungünstigen demographischen Verhältnisse – erheblich niedriger. Thomas (a.a.O., S. 65 f.) schreibt:

„Die außerordentlich ungünstige Altersstruktur der DDR (3,4 Millionen Rentner) trägt wesentlich dazu bei, daß das Rentenniveau sehr niedrig ist. Nachdem die durchschnittliche Altersrente 1970 nur 200 M betragen hatte, wurden die Mindestrenten (...) 1976 auf 230 M erhöht. (...) Die durchschnittliche Altersrente der Männer liegt seit 1. Dezember 1976 bei 358 M, die der Frauen bei 268 M. (...) Um die relativ niedrigen Renten den steigenden Löhnen anzupassen, hat man zum 1. März 1971 eine freiwillige Zusatzrentenversicherung eingeführt (...) (10% Eigenleistung für Einkommensteile über 600 M)".

Favorisiert wird in der DDR hingegen die Jugend, auf die der Staat in ideologischer wie ökonomischer Hinsicht alle Hoffnungen setzt. Während in der Bundesrepublik (bewußt) auf eine spektakuläre Jugendpolitik verzichtet wird, bemüht sich die DDR-Führung um feste Eingliederung der Jugendlichen ins politische System. Der ungleich höhere Organisationsgrad verdeutlicht dies: Bereits 1975 waren in der FDJ 65% der 14–25jährigen, bei den Thälmann-Pionieren fast alle 6–14jährigen erfaßt. In der Bundesrepublik betätigt sich nur etwa ein Viertel der Jugendlichen in Jugendgruppen. Gefordert wird in der DDR das durch Taten zu erhärtende Bekenntnis zum Sozialismus, die Erziehung zur „sozialistischen Persönlichkeit", wie es im Jugendgesetz von 1974 heißt (Vgl. Boeck 25; sehr bezeichnend für die Erziehungsmaximen sind auch „Die zehn Gebote sozialistischer Moral" in: G./S. 159).

Zu Bildung und Arbeitswelt (= Gruppe 3)
Die Arbeitsgrundlage für diese Gruppe bilden folgende Texte: PW 124, dazu 133, 1.–3. Abs.
Der wichtigste Unterschied besteht hier wohl in einer stärkeren Verflechtung von Schule und Beruf im Bildungswesen der DDR. Hier treffen sich ideologische Vorgaben und ökonomische Notwendigkeiten, die ein starkes Effizienzdenken verlangen. Dabei ist der große Personalaufwand der DDR im Bildungsbereich bemerkenswert, der sich in einer wesentlich günstigeren Lehrer-Schüler-Relation ausdrückt (1976: DDR 1:16,4, Bundesrepublik 1:22,5; je Klasse: DDR 1:24,7, Bundesrepublik 1:28,4 – nach Zahlenspiegel 1978, S. 68). Erwähnenswert ist auch die stärkere Reglementierung im Bildungswesen der DDR, die allerdings auch das Risiko des Scheiterns mindert, sowie die Abschaffung der Dreigliedrigkeit im Schulsystem.

Zur Frauenpolitik (= Gruppe 4):
Geeignete Texte für die Gruppenarbeit finden sich in: PW 125/134 oder Boeck 10.
Der höhere Beschäftigungsgrad von Frauen in der DDR-Wirtschaft ist eines der auffallendsten sozialen Merkmale. Von staatlicher Seite wird dies durch vielfältige Maßnahmen (Kinderkrippen, Kindergärten, Schulhorte etc.) gefördert, wobei sich ideologische und ökonomische Zielvorstellungen mischen. Hier besteht ein gewisser „Emanzipationsvorsprung" gegenüber der Bundesrepublik. Daß es dennoch auch dort gewisse Widersprüche zwischen theoretisch Zugestandenem und praktisch Gestattetem, gewisse noch nicht überwundene Rollenzuweisungen also, gibt, sollte nicht übersehen werden.

Unterrichtsschritt 4:
Auswertung der Gruppenergebnisse

Die Auswertung erfolgt im Unterrichtsgespräch. Sprecher der einzelnen Gruppen nennen die Stichworte, die sie ins Schema eintragen wollen, und erläutern sie. Diese werden dann korrigiert, ergänzt oder gebilligt. Solche Zusätze oder Berichtigungen werden im Kurs mitprotokolliert, so daß das Schema zu Hause in endgültiger Fassung von jedem Schüler erstellt werden kann.

Alternative:
Anstelle der Unterrichtsschritte 2–4 können auch andere Merkmale der sozialen Entwicklung in der DDR behandelt werden. Schließlich geht es in dieser Stunde in jedem Fall nur um einen paradigmatischen Ausschnitt eines äußerst komplexen sozialen Prozesses. Die neuen Inhalte werden durch Texte aus Grünert/Siegert vermittelt. Es handelt sich hierbei vorwiegend um die (bildungspolitischen) Maßnahmen zum Zustandekommen einer neuen sozialistischen Elite in der DDR. Den Schülern werden die Texte in drei Gruppen zur kurzen Vorbereitung gegeben; anschließend erfolgt eine Besprechung im Plenum (G1: Richert, in: G./S. 88–90; G2: Richert, G./S. 95–97; G3: Dahrendorf G./S. 97–99). Sollte in der Stunde noch etwas Zeit verbleiben, können im Unterrichtsgespräch einige Schlaglichter auf vergleichbare Bedingungen in der Bundesrepublik geworfen werden.

Hausaufgabe

Stellen Sie das Schema zur Gesellschaftsentwicklung in West- und Ostdeutschland fertig!

13. Stunde:
Das Berlin-Problem

Zur didaktischen Funktion

Die 13. Stunde fällt insofern etwas aus dem Rahmen, als sie nicht völlig neuen Stoff anbietet, sondern viele bereits anderweitig erwähnte Fakten und Probleme bündelt und in einen übergreifenden Zusammenhang stellt. So wurden in vorherigen Stunden bereits mehr oder weniger ausführlich Themen angeschnitten wie „Zoneneinteilung", „Blockade", „17. Juni", „Berlin-Ultimatum", „Mauerbau" oder „Passierscheinabkommen". Dennoch rechtfertigt sich die geschlossene Behandlung dieser Problematik in einer eigenen Stunde unter didaktischen wie politischen Gesichtspunkten. Schließlich gehörte Berlin über Jahrzehnte hinweg bis heute nicht nur zu den deutschlandpolitischen Hauptsorgen, sondern zudem zu den gefährlichsten Krisenherden der Welt, an deren Ausweitung oder Begrenzung sich das Verhältnis der Großmächte zueinander ablesen ließ – unübersehbarer Indikator des Wechsels von kaltem Krieg zur Entspannungspolitik.
Um diesen Zusammenhang zu wahren, den die mosaikartige Thematisierung Berliner Ereignisse in vorherigen Stunden nicht bieten kann, eignet sich vorzüglich ein (in den Landesfilmdiensten ausleihbarer) Film mit dem Titel: Berlin 1945–70 (1970, 29 min.). Er enthält eine politische Rückschau, in der

die wichtigsten Fakten vor dem Viermächteabkommen von 1971 enthalten sind. Wo immer es geht, sollte die Möglichkeit dieser anschaulichen Informationsquelle genutzt werden, zumal dieses Medium für die Schüler sicherlich eine willkommene Abwechslung in einer meist auf Quellenarbeit basierenden Unterrichtsreihe darstellt.

Da am Ende des Films bereits auf die kommende Berlinregelung angespielt wird, findet sich leicht ein Übergang zur jetzigen Situation, die durch das Abkommen vom 3. September 1971 gekennzeichnet ist. Dieses Abkommen wiederum bildet den Übergang zur 14. Stunde insofern, als es einerseits auf den atmosphärischen Wandel in den Beziehungen der Großmächte verweist (Entspannungspolitik), andererseits durch die vertragsmäßigen Komplemente (Transitabkommen, Verkehrsvertrag bzw. in weiterem Sinne der Grundlagenvertrag) die Ostpolitik der Regierung Brandt/Scheel berührt.

Weiterführende Literatur:

E. Stamm, Juni 1953. Der Volksaufstand vom 17. Juni 1953, Bonn 1961

A. Baring, Der 17. Juni 1953, Köln/Berlin 1965

A. Riklin, Das Berlinproblem. Historisch-politische und völkerrechtliche Darstellung des Viermächtestatuts, Köln 1964

H. Herzfeld, Berlin in der Weltpolitik 1945–1970, Berlin/New York 1973

D. Mahncke, Berlin im geteilten Deutschland, München/Wien 1973

H. Schiedermair, Der völkerrechtliche Status Berlins nach dem Viermächte-Abkommen vom 3. September 1971, Berlin/Heidelberg/New York 1975

Das Vierseitige Abkommen über Westberlin und seine Realisierung. Dokumente 1971–1977, hg. v. d. Ministerien für Auswärtige Angelegenheiten der DDR und der UdSSR, Berlin (Ost) ²1978

(Weitere – kurz kommentierte – Literatur in: Info 181, S. 39f.)

Ziele der Stunde

Die Schüler kennen
– die wichtigsten Berlinkrisen und -kompromisse sowie ihre Ursachen;
– die wichtigsten Bestimmungen des Viermächteabkommens von 1971.

Die Schüler erkennen
– die Abhängigkeit einer Berlinlösung vom politischen Klima zwischen den Großmächten;
– Zusammenhänge zwischen der bundesrepublikanischen Ostpolitik und der Berlinlösung;
– die Bedeutung des Mauerbaus als Höhe- und Wendepunkt im kalten Krieg;
– die Bedeutung Berlins für die deutsche und internationale Politik.

Die Schüler beurteilen
– das Berlinabkommen von 1971 als Indiz der Entspannungspolitik.

Verlaufsskizze

Unterrichtsschritt 1:
Überblick über Berlin-Probleme 1945–70

Unter Bekanntgabe der Absicht, anschließend in einer Tafelskizze die wichtigsten Berlinkrisen und -kompromisse festzuhalten, setzt der Lehrer den o. a. Film ein. Dieser enthält folgende Informationen:

„Machtergreifung Hitlers, Zerschlagung des Deutschen Reiches und Besetzung durch die alliierten Siegermächte. Darlegungen zur Aufteilung Deutschlands in Besatzungszonen und zum Status Berlins.
Die ersten freien Wahlen in Berlin, die Währungsreform, die Blockade Berlins, die Geheimverhandlungen in New York, das Ende der Berliner Blockade. Gründung der Bundesrepublik Deutschland und der DDR, Verflechtung West-Berlins mit dem Bund bei voller Respektierung der alliierten Vor-

behalte, Flüchtlingsstrom, Arbeiteraufstand vom 17. Juni 1953 in Ost-Berlin und der DDR, Chruschtschow-Ultimatum von 1958, Bau der Berliner Mauer am 13. August 1961, Besuch von John F. Kennedy in Berlin. Erste Fortschritte: Das Passierscheinabkommen zweieinhalb Jahre nach dem Mauerbau. Hauptproblem West-Berlins: Gewinnung von Arbeitskräften. Steigende Ausländerbeschäftigung, Standortnachteile, Anstrengungen der Bundesregierung und des Senats, durch Steuererleichterungen und Investitionshilfen Nachteile auszugleichen.

Jugendprobleme: Hilfe von Jugendlichen beim Tunnelbau für Flüchtlinge, zunehmende Radikalisierung und Protestdemonstrationen gegen Vietnam-Krieg. Abschließender Kommentar: Berlin war 25 Jahre einer der Brennpunkte politischer Spannungen zwischen Ost und West. Berlin ist Testfall der Entspannung in Europa."
(Katalog des Landesfilmdienstes a. a. O., S. 27)

Unterrichtsschritt 2:
Ausgangslage und Krisen
(Strukturierung)

Um Zeit zu sparen, schreibt der Lehrer die Grundeinteilung der Tafelskizze sofort an, links die verschiedenen Krisen, rechts die durch Kompromisse erreichten Resultate. Notiert werden nur Stichworte der wichtigsten Ereignisse. In das Auswertungsgespräch gehen folgende Informationen ein:
Berlin, dessen Sektoreneinteilung vom Londoner Protokoll (12. 9. 44) festgelegt wurde, hatte seine erste große Krise durch die Blockade vom 24. 6. 48–12. 5. 49, in deren Verlauf auch die faktische Spaltung der Stadt in einen Ost- und einen Westteil vonstatten ging. Anlaß war die Störung der Gesamtberliner Stadtverordnetenversammlung durch kommunistisch gelenkte Demonstranten, die eine gemeinsame Arbeit des Magistrats unmöglich machten. Beim Aufstand des 17. Juni ist herauszustellen, daß sich der Westen zwar passiv verhielt, insofern aber die Konsequenzen zog, als er Westberlin in die Sicherheitsgarantie miteinbezog. Die Spaltung Berlins zeigt damit bereits ihre Konturen, die durch Chruschtschows Berlin-Ultimatum und Kennedys Antwort (3 Essentials: Verbleiben der Truppen / Freier Zugang / Freiheit und Lebensfähigkeit der Stadt) noch verdeutlicht werden. Insofern ist der Bau der Mauer eigentlich letzte Konsequenz eines mehr oder weniger stillschweigenden Arrangements der Großmächte, die sich nach Phasen der (verbalen) Eskalation wechselseitig in ihrem jeweiligen Besitzstand bestätigten.

Unterrichtsschritt 3:
Kompromisse

In einem kurzen Lehrervortrag wird den Schülern die innerdeutsche Episode eines kurzlebigen Passierscheinabkommens (1963 bis 1966) vorgestellt, dem sich 1971 das auch international bedeutsame Viermächteabkommen als Ausdruck einer gewandelten weltpolitischen Haltung anschloß. Die Schüler sind besonders darauf aufmerksam zu machen, daß dieses Abkommen erstmals die Zugangswege nach Westberlin rechtlich fixiert. Indem die UdSSR die Verpflichtung für einen ungehinderten Zugang übernimmt, ist der wesentliche Punkt der alliierten Essentials erfüllt. Die wichtigsten Bestimmungen des Vertragswerks betreffen
– den Fortbestand der Viermächteverpflichtungen,
– den behinderungsfreien Transitverkehr, deren konkrete Bestimmungen in innerdeutschen Verhandlungen festzulegen waren,
– die Bindungen zwischen der Bundesrepublik und Westberlin, welche „aufrechterhalten und entwickelt werden" durften,
– die Außenvertretung und konsularische Betreuung der Westberliner durch die Bundesrepublik,
– die Reisemöglichkeiten für Westberliner nach Ostberlin und in die DDR.

Die westlichen Konzessionen betrafen vor allem das Verbot für Amts- und Verfassungsakte bundesrepublikanischer Staatsorgane (wie Bundespräsident, Bundesregierung, Bundesversammlung etc.) in Westberlin sowie die Einrichtung eines sowjetischen Generalkonsulats ebendort (vgl. z. B. Info Nr. 181 Berlin; eine übersichtliche Zusammenstellung findet sich in: Die Berlin-Regelung, Seminarmaterial des Gesamtdt. Inst. S. 19 f.).

Die wichtigsten Punkte des Viermächteabkommens können den Schülern auch durch Quellenauszüge vermittelt werden (in: Bodensieck II, S. 101 f., Nr. 3, A-D; WdP 310 f.; PW 152 f., Nr. 3, A-C – fehlende Bestimmungen in einzelnen Texten sind vom Lehrer nachzutragen).

Alternative:
Sollte der oben genannte Film nicht zugänglich sein, könnte auch auf den im folgenden erläuterten 22minütigen Farbfilm „Die Berlin-Regelung" (1972) zurückgegriffen werden (möglich auch: Die Praxis der Berlin-Regelung, 26 min.):
„Nach einem kurzen Rückblick auf die Lage West-Berlins von 1948 bis 1970 schildert der Film die Vorgänge, die zum erfolgreichen Abschluß der Berlin-Verhandlungen führten: Die weltweite Entspannungspolitik, die Aufnahme des innerdeutschen Dialogs in Erfurt und Kassel, den großen Rahmen der Friedenspolitik der Bundesrepublik Deutschland, insbesondere die Verträge mit Moskau und Warschau.
Der Hauptteil illustriert den wesentlichen Inhalt und die Bedeutung der Berlin-Regelung sowie das Ineinandergreifen der verschiedenen alliierten und deutschen Abkommen und Abmachungen.
Im Zusammenhang mit der Ratifizierung der Ostverträge durch den Deutschen Bundestag wird zudem das Inkraftsetzen der Berlin-Regelung durch die vier Außenminister und das Zusammentreffen der Berliner in Ost-Berlin bei der Pfingstregelung 1972 gezeigt.
Der Film bringt vor allem Dokumentaraufnahmen mit informativen Texten, dazu Erläuterungen von Bundeskanzler Willy Brandt und den Bundesministern Walter Scheel und Egon Franke sowie Interviews mit Bürgern der DDR und Ost-Berlins." (Katalog d. Landesfilmdienstes, a. a. O., S. 196)
Da hier jedoch der Schwerpunkt auf der Zeit nach 1970 liegt, müssen die in Punkt 1 und 2 beschriebenen Inhalte im Unterrichtsgespräch gewonnen werden, wobei gerade der Mauerbau herausgestellt werden sollte, wodurch die Berlinkrise zugleich ihre Zuspitzung und Entschärfung erfuhr (vgl. dazu das Unterrichtsmodell: K. Horn, Die Berlin-Krise 1958/61, Ffm. 1970, insbes. S. 66 ff.).

Hausaufgabe:

(evtl. 3 Gruppen)

Notieren Sie in Stichworten die wesentlichen Bestimmungen folgender Vertragspassagen:
1. Moskauer Vertrag, Art. 1–4
   (PW 156 f.; WdP 307 f.; PuG 254 f.; GdG 350 f. u. a.)
2. Warschauer Vertrag, Art. 1
   (PW 157; WdP 308 f.; PuG 255 f.; GdG 351 f., u. a.)
3. Grundlagenvertrag, Art. 1–4, 7
   (GdG 353; WdP 311 f.; PuG 256; ohne Art. 2: PW 146)

14. Stunde:
Die neue Ostpolitik der Regierung Brandt/Scheel

Zur didaktischen Funktion

Gegenstand der Stunde sind die Ost- und innerdeutschen Verträge, die unter der Regierung Brandt/Scheel geschlossen wurden. Der Schwerpunkt liegt dabei auf der Erörterung der wichtigsten Voraussetzungen und Auswirkungen dieser Abkommen, während die Grundzüge der Verträge selbst den Schülern bereits (durch häusliche Lektüre ausgewählter Textstellen) bekannt sein sollten. Zur Festigung solcher Kenntnisse kann im Unterricht nicht mehr allzuviel Zeit zur Verfügung gestellt werden, wenn nicht die Behandlung der Gesamtproblematik zu kurz kommen soll. Schließlich dürfte es nicht Aufgabe sein, eine Fülle einzelner Vertragspunkte zu memorieren oder sich in – Schüler meist ermüdende – juristische Spitzfindigkeiten zu verlieren, zumal solche Betrachtungen in der nächsten Stunde bei der Diskussion über die Verfassungsmäßigkeit der Verträge ohnehin anstehen.

Wichtiger scheint es, auf den kontrovers beurteilten Wandel der bundesrepublikanischen Ostpolitik hinzuweisen (vgl. dazu z. B.: H. Bodensieck, Wandel der westdeutschen Ostpolitik 1970, in: Pol. Bildung 5 [1971], H. 2; E. Cieslar u. a. [Hg.], Der Streit um den Grundvertrag, München 1973) wie auf die Ursachen, die jene Wende ermöglichten. Es bietet sich bei einer kurzen Betrachtung der weltanschaulichen Tendenzen der Jahre 1967/68 übrigens eine der wenigen Gelegenheiten in dieser Unterrichtsreihe, sozialpsychologische Momente zum Tragen zu bringen. Wenigstens in Ansätzen sollte den Schülern vermittelt werden, was die Ära Adenauer ideologisch von der Ära Brandt unterschied. Daß dabei bereits den heutigen Schülern Namen und Terminologie der 68er Generation meist nicht mehr geläufig sind, ist dabei allerdings in Betracht zu ziehen.

Falls die Bewertung der Ostverträge und ihrer Auswirkungen in der Klasse zu scharfen (partei-)politischen Kontroversen führen sollte, ist es ratsam, die Meinungsverschiedenheiten austragen zu lassen, selbst auf die Gefahr hin, daß das eine oder andere Lernziel in dieser Stunde nicht mehr erreicht wird. Gehört der Brandtsche Ausgleich mit dem Osten ja zu den einschneidendsten Entscheidungen westdeutscher Politik, deren Tragweite und Problematik selbst bei einem so deutlichen Befürworter wie Alfred Grosser hervorgehoben werden:

„Nirgends sonst auf der Welt (...) wurde unter Berufung auf die Realität oder unter Berufung auf den Frieden ein endgültiges Opfer von solchem Ausmaß gefordert." (Geschichte Deutschlands seit 1945, München 1974, S. 465)

Der mangelnden zeitlichen Distanz zum Geschehen sollte in jedem Fall durch eine im besonderen Maße zurückhaltende Diskussionsleitung des Lehrers Rechnung getragen werden, was diesen an einer als subjektiv gekennzeichneten Stellungnahme nicht zu hindern braucht.

Weiterführende Literatur:

B. Zündorf, Die Ostverträge, München 1979
M. Görtemaker, Die unheilige Allianz. Die Geschichte der Entspannungspolitik 1943–1979, München 1979
Bundesministerium f. innerdt. Beziehungen (Hg.), Die Entwicklung der Beziehungen zwischen der Bundesrepublik Deutschland und der Deutschen Demokratischen Republik 1969–1976, Bonn 1978
K. Kaiser, Die neue Ostpolitik, in: Beil. z. Parlament B 43/79 v. 27. 10. 79
B. Meissner (Hg.), Die deutsche Ostpolitik 1961–1970. Kontinuität und Wandel, Köln 1970
ders. (Hg.), Moskau-Bonn, Köln 1972
Ostpolitik und Reformen, in: Das Parlament 43/1979 v. 27. 10. 79 (Themenausgabe)
I. v. Münch, Ostverträge, 2 Bde., Berlin 1971
P. Bender, Zehn Gründe für die Anerkennung der DDR, Frankfurt/M. 1968 (TB)
E. Jahn / V. Rittberger, (Hg.), Die Ostpolitik der BRD, Köln 1974
G. Schmid, Die Deutschlandpolitik der Regierung Brandt/Scheel, München 1975

Ziele der Stunde

Die Schüler kennen
– die Grundzüge der Verträge der Bundesrepublik mit der DDR und den osteuropäischen Staaten;
– die wichtigsten weltpolitischen, weltanschaulichen und parteipolitischen Gegebenheiten im Vorfeld dieser Verträge;
– die gegenteiligen Standpunkte, von denen aus im Parlament wie in der übrigen Öffentlichkeit über die Verträge gestritten wurde (Schlagworte „historische Aussöhnung" oder „Ausverkauf deutscher Interessen").

Die Schüler erkennen, daß
– die frühere bundesrepublikanische Deutschland-Konzeption (Hallstein-Dok-

trin) unrealistische Momente oder zumindest Inkonsequenzen enthielt;
- der Aufgabe jahrzehntelanger Rechtspositionen als Vorteil menschliche Erleichterungen, atmosphärische Verbesserungen und eine Vergrößerung des aktuellen politischen Handlungsspielraums gegenüberstehen.

Die Schüler erarbeiten
anhand eines Arbeitsblattes unterschiedliche Beurteilungen der Verträge als Grundlage für eine Diskussion.

Die Schüler bewerten
die Anerkennung der „Realitäten" (Akzeptierung der Oder-Neiße-Grenze, der Souveränität der DDR und der Ungültigkeit des Münchener Abkommens) als erheblichen deutschen Beitrag zur internationalen Entspannung und Friedenssicherung.

Verlaufsskizze

Unterrichtsschritt 1:
Carstens' Kritik am Grundvertrag

Die Kritik des CDU-Abgeordneten Prof. Carstens am Grundvertrag dient als Ausgangspunkt einer generellen Betrachtung der Brandtschen Ostpolitik. Den Schülern wird der Text als Teil eines Arbeitsblattes zugänglich gemacht (Text Nr. 1). Für die Einführung genügt es – nach Erläuterung des Kontexts in einem Satz (Ratifizierungsdebatte, SPD/FDP gegen CDU/CSU) – zunächst, lediglich den 2. Absatz zu lesen, in dem Carstens der Regierung die Preisgabe jahrelanger gemeinsamer deutschlandpolitischer Positionen sowie zahlreiche nicht honorierte Verzichtleistungen vorwirft. Die Lehrerfrage nach den von Carstens erwähnten Ereignissen und ihrer Bewertung führt direkt zu den Verträgen.

Unterrichtsschritt 2:
Die Verträge

Genannt und von den Schülern kurz erläutert werden die Verträge von Moskau (12. 8. 1970), Warschau (7. 12. 1970) und Prag (11. 12. 1973). Es reicht dabei aus, auf die grundsätzlichen Bestimmungen hinzuweisen wie Gewaltverzicht und Anerkennung der gegenwärtigen europäischen Grenzen mit den jeweiligen Implikationen in Sachen Oder-Neiße-Grenze, Anerkennung der DDR bzw. der Ungültigkeit des Münchener Abkommens. Bei den Verträgen zwischen der Bundesrepublik und der DDR genügt es, auf Artikel 1 und 2 oder 3, Abs. 2 des Grundvertrags vom 21. 12. 1972 hinzuweisen wie auf den Dissens in der Frage der Nation (Präambel: „unbeschadet der unterschiedlichen Auffassungen (...) zur nationalen Frage"). Daneben sind einige der im Zusatzprotokoll aufgeführten menschlichen Erleichterungen anzusprechen wie Familienzusammenführung, Aufenthalts- und Reiseerleichterungen, innerdeutsche Zusammenarbeit, Arbeitsmöglichkeiten von Journalisten etc. Die Bestimmungen des Verkehrsvertrags vom 26. 5. 72 brauchen nicht eigens erläutert zu werden.

Eine informative Gegenüberstellung bisheriger und neuerer Regelungen findet sich als „Seminarmaterial des Gesamtdeutschen Instituts zum VV", S. 15 f., auf die bei besonderem Schülerinteresse zurückgegriffen werden kann.

Die genannten Verträge und die wichtigsten Ergebnisse werden an der Tafel festgehalten (oberer Teil der mittleren und rechten Spalte). Es empfiehlt sich, das Viermächteabkommen über Berlin nochmals in diesem Zusammenhang aufzuführen, da es praktisch in einem Junktim zur Ratifizierung der Ostverträge stand (vgl. z. B. Vogelsang 370).

Unterrichtsschritt 3:
Voraussetzungen der neuen Ostpolitik

Die Einschätzung der Brandtschen Initiativen als deutschlandpolitische Wende zieht die Frage nach den Voraussetzungen eines solchen Wandels nach sich. Diese werden im Wechsel von Unterrichtsgespräch und kurzem Lehrervortrag dargelegt und das Wesentliche in der linken Spalte des Tafelbilds zusammengefaßt. Neben dem Regierungswechsel in Bonn sollte zunächst auf die veränderte weltpolitische Konstellation hingewiesen werden, die trotz verschiedener Krisen (Vietnam, CSSR oder Nahost) auf Entspannung und Öffnung hin ausgerichtet war (z.B. Kissingers Krisenmanagement; Chinapolitik und SALT I). Auch der ideologische Klimawechsel in Deutschland ausgangs der 60er Jahre (Studentenbewegung, „Linksruck", Reformatmosphäre, Hinterfragung von Traditionen, Kritik an der politischen Hinterlassenschaft der Adenauer-Ära etc.) sollte als Motor der neuen Politik zur Sprache kommen.

Dies leitet direkt über zur früheren Deutschland-Konzeption (insbesondere der Hallstein-Doktrin), durch die sich die Bundesrepublik in zunehmendem Maße erpreßbar zeigte, zumal von verbündeter Seite vielfach nur noch Lippenbekenntnisse erwartet werden durften.

Unterrichtsschritt 4:
Ziele der neuen Ostpolitik

Von der früheren läßt sich leicht ein Übergang finden zur neueren Deutschland-Konzeption. Deren Ziele werden nun anhand der Regierungserklärung Brandts (GdG 349f.; es genügt Text Nr. 2) ermittelt: Wahrung der nationalen Einheit durch geregeltes Nebeneinander (Tafelanschrieb: unten mittlere Spalte).

Unterrichtsschritt 5:
Ergebnisse und Auswirkungen

Die Betrachtung der Ziele provoziert geradezu die Frage nach den tatsächlichen Ergebnissen. An dieser Stelle erfolgt die Lehrerinformation, daß die DDR die verstärkten innerdeutschen Kontakte durch eine strikte Abgrenzungspolitik in ihrer Wirkung zu beeinträchtigen sucht. Dabei ließ Ostberlin jetzt auch den Gedanken einer Wiedervereinigung fallen, wenn es in Art. 1 der Verfassung von 1974 formulierte:
„Die Deutsche Demokratische Republik ist ein sozialistischer *Staat der Arbeiter und Bauern...*"
gegenüber dem Passus von 1968:
„...*Staat deutscher Nation...*"
Diese Textstellen werden vom Lehrer zitiert. (Der dazugehörige Tafelanschrieb rechte Spalte unten.)

In diesem Zusammenhang lassen sich auch Informationen einordnen wie Künstler-Exilierungen im Gefolge Biermanns, Journalisten-Schikanen oder Wehrkundeunterricht, die den Schülern möglicherweise aus den Medien bekannt sind, und nicht zuletzt auch die jüngste drastische Erhöhung des Zwangsumtauschsatzes und Forderung nach Anerkennung einer eigenen DDR-Staatsbürgerschaft im Rahmen der Polen-Krise.

Unterrichtsschritt 6:
Diskussion der Verträge
anhand von Stellungnahmen

Die zuletzt angesprochenen Negativa führen zum Ausgangspunkt der Stunde mit der Carstens-Kritik zurück, die nochmals zusammen mit Auszügen einer Beurteilung Grossers (T 4) gelesen wird (Leitfrage etwa: Waren also die Ostverträge ein völliger Fehlschlag?). Die Gegenüberstellung und Diskussion der wichtigsten Argumente (bei Grosser vor allem der Gedanke der Obsoletheit früherer Rechtspositionen bzw. einer neugewonnenen politischen Handlungsfreiheit) beenden die Stunde. (Dabei ist anzumerken, daß auch die Opposition 1972 darauf verzichtete, die Ostverträge zu Fall zu bringen, was zumindest eine völlige Ablehnung ausschließt.)

Alternative zu U'schritt 6:
Die Gegenposition zu Grosser kann auch anhand der Kritik des Historikers Hillgruber (a.a.O., S. 165 ff.) belegt werden. Hier gilt es allerdings nur einige Kernthesen vorzutragen. Stichworte etwa: Vorleistungen, Entspannungseuphorie, „Aufweichung" der innenpolitischen Haltung gegenüber dem Kommunismus, weiterbestehende Gefahr zu Berlin-Pressionen, veränderte Haltung in der nationalen Frage. (Vgl. dazu den Textausschnitt bei: G. Maier, Die Deutsche Frage, in: Politik und Unterricht, Sonderheft Mai 1980, S.45 f.)

Hausaufgabe:

Lesen Sie den Auszug aus dem Urteil des Bundesverfassungsgerichts zum Grundlagenvertrag (PW 148) und beantworten Sie kurz folgende Fragen:
1. Wie grenzt das BVG die juristischen und die politischen Zuständigkeiten ab?
2. Was versteht das BVG unter deutscher Nation?

Vorschlag für ein Arbeitsblatt

1 Der CDU-Abgeordnete Karl Carstens in der Bundestagsdebatte über den Grundvertrag 1973:
Im Vertragstext findet sich kein Wort und kein einziger Hinweis darauf, daß diese beiden deutschen Staaten noch ein einigendes Band verbindet. Die Begriffe ‚Deutschland', ‚deutsche Nation', ‚deutsche Einheit' suchen Sie in diesem Vertrag vergebens. (...) In der Nichterwähnung unseres politischen Zieles der deutschen Einheit in diesem Vertrag liegt ein schweres, möglicherweise nicht wieder gutzumachendes historisches Versäumnis (...)
Die Bundesregierung hat in den ersten sieben Monaten ihres Bestehens, von Oktober 1969 bis Mai 1970, die wichtigsten bis dahin von uns allen gemeinsam und mit unseren westlichen Verbündeten vertretenen deutschlandpolitischen Positionen preisgegeben. Sie hat die DDR als zweiten deutschen Staat anerkannt. Sie hat auf das Recht der Bundesrepublik Deutschland, in gewissen Fragen für ganz Deutschland zu sprechen, verzichtet. Sie hat die Grenzen anerkannt, sowohl die Westgrenze Polens als auch die innerdeutsche Grenze als Staatsgrenze. Sie hat der Aufnahme der DDR in die UNO zugestimmt, und sie hat grünes Licht dafür gegeben, daß die DDR weltweit anerkannt wurde. Damit erfüllte die Bundesregierung die von der Sowjetunion und der DDR seit vielen Jahren erhobenen Forderungen, ohne sich überhaupt irgendeine Gegenleistung verbindlich zusagen zu lassen.
Die Bundesregierung sagt nun weiter, sie habe nichts weggegeben, was nicht schon vorher verloren gewesen sei. Aber auch diese Behauptung ist falsch. Als die Regierung Brandt/Scheel 1969 ihr Amt antrat, war die deutschlandpolitische Position der Bundesrepublik im wesentlichen intakt; die Bemühungen der DDR um weltweite Anerkennung als zweiter deutscher Staat waren bis dahin erfolglos geblieben.

2 Aus der Regierungserklärung von Bundeskanzler Brandt am 28.10.1969:
„Aufgabe (...) ist es, die Einheit der Nation dadurch zu wahren, daß das Verhältnis der beiden Teile Deutschlands aus der gegenwärtigen Verkrampfung gelöst wird. (...) Zwanzig Jahre nach der Gründung der Bundesrepublik Deutschland und der DDR müssen wir ein weiteres Auseinanderleben der deutschen Nation verhindern, also versuchen, über ein geregeltes Nebeneinander zu einem Miteinander zu kommen."

3 DDR-Verfassung 1968, Art. 1:
„Die Deutsche Demokratische Republik ist ein sozialistischer Staat deutscher Nation..."

DDR-Verfassung 1974, Art. 1:
„Die Deutsche Demokratische Republik ist ein sozialistischer Staat der Arbeiter und Bauern..."

4   Alfred Grosser, Geschichte Deutschlands nach 1945, München 1974:
465f.: „Als die ‚Hallstein-Doktrin' die deutschen Diplomaten zwang, ihre Bemühungen darauf zu richten, daß die Anerkennung des anderen Deutschlands verhindert werde, als Guinea mit einer schlichten Erpressung beträchtliche Subventionen erlangen konnte, als der große westdeutsche Pavillon auf der Messe in Algier nicht eröffnet wurde, weil im letzten Augenblick noch ein kleiner ostdeutscher Pavillon errichtet worden war, wo lag da das wahre Interesse der Bundesrepublik?
467f.: „Im Ausland wurde (...) wahrscheinlich besser verstanden, daß Willy Brandt die deutsche Außenpolitik nicht nur von der Unaufrichtigkeit, sondern auch von der Ohnmacht befreien wollte, die das ständige ‚So tun als ob' mit sich gebracht hatte. Bonn als Motor und nicht mehr als Bremse: war das nicht ein beachtliches Resultat?"

15. Stunde:
Zwei Staaten – eine Nation (?)

Zur didaktischen Funktion

Die die Unterrichtsreihe abschließende 15. Stunde stellt in den Mittelpunkt die Frage nach der Nation – ein in Nachkriegs-Deutschland fragwürdig gewordener oder als fragwürdig empfundener Begriff, zu dessen aktueller Bewertung K. Kosthorst kürzlich anmerkte:

„Der Erosionsprozeß im nationalen Bewußtsein ist vom Mißbrauch des Nationalgefühls (...) durch das nationalsozialistische Regime (...) in Gang gesetzt, in verschiedenen Etappen der Nachkriegsentwicklung weitergetrieben und schließlich mit dem Abschluß der Ostverträge und des Grundlagenvertrages mit der DDR noch einmal beschleunigt worden (...) Seither ist die normative Kraft des Faktischen verstärkt am Zuge (...) Was man sehen kann, das sind zwei Staaten in Deutschland, von denen nur der eine, die Bundesrepublik Deutschland noch behauptet (immer weniger vernehmbar behauptet), mit dem anderen verbinde ihn die Gemeinsamkeit einer beide Staaten überwölbenden Nation (in: Die deutsche Frage in der politischen Bildung. Öffentl. Anhör. d. Aussch. f. innerdt. Bez., hg. von Presse- und Informationszentr. d. Dt. Bundestages, Bonn 1978, S. 29 f.).

Angesichts dieser Sachlage kann es nicht verwundern, daß gerade das Wiedervereinigungs-Thema im Unterricht manche Probleme aufwirft. Mit einiger Berechtigung spricht denn auch Gerhart Maier von einer sicherlich feststellbaren „Abstinenz der Lehrer" gegenüber diesem Stoff, die er wie folgt erklärt:

„Entweder der Lehrer nimmt die Realitäten als gegeben hin (bestärkt durch die beginnende Normalisierung der Beziehungen zwischen den beiden deutschen Staaten im Gefolge des Grundlagenvertrages und durch die scheinbare Perspektivenlosigkeit der Wiedervereinigung) und sieht keine Veranlassung, die prägende Kraft des Faktischen dadurch zu unterlaufen, daß er die problembefrachtete ‚Einheit der Nation', die schwer zu vermittelnden Formeln vom ‚Staatsvolk, das keinen gemeinsamen Staat besitzt' und ‚gemeinsamen deutschen Staatsbürgerschaft in zwei getrennten Staaten' im Unterricht thematisiert, oder er neigt eher zu der Auffassung, daß die Wiedervereinigung Deutschlands eine ‚reale Utopie' sei und als Voraussetzung zu ihrer Verwirklichung das Bewußtsein von der Zusammengehörigkeit aller Deutschen geschärft werden müsse, findet aber bei seinen Schülern, deren Abstand zu den Prozessen und Problemen der deutschen Teilung immer größer wird, für derartige Appelle nur geringe Resonanz."
(Die Deutsche Frage, in: Politik und Unterricht, 6/1980, Sonderheft, hg. von d. Landeszentr. f. pol. Bildung Baden-Württemberg, S. 3 f.).

Trotz solcher Schwierigkeiten, die sich aus dem Zusammenprall pragmatischer und politutopischer Denkweisen ergeben mögen, kann ein Übergehen der Problematik natürlich nicht ernsthaft als Ausweg angesehen werden. Und somit wird der Unterrichtserfolg also wesentlich davon abhängen, wie nüchtern und illusionslos einerseits die (momentanen) Chancen zur Wiedervereinigung beurteilt, wie überzeugend und undogmatisch andererseits entsprechende bundesrepublikanische Ansprüche begründet werden. Daß in diesem Zusammenhang die Verpflichtung des Grundgesetzes bzw. des Bundesverfassungsgerichts zur Sprache kommen müssen, bedarf keiner weiteren Erläuterung. Allerdings sollte – nicht zuletzt bei der oben skizzierten Ausgangslage – der Schwerpunkt der Argumentation weniger auf dem juristischen Gebot denn auf der intellektuellen und moralischen Einsicht liegen.

Der vorliegende Stundenentwurf orientiert sich in besonderem Maße an den Resultaten der Kultusministerkonferenz zur Deutschen Frage im Unterricht. Dabei wird im Stundenverlauf eine ganze Reihe der in Thesen gefaßten Empfehlungen der Konferenz vom 23.11.1978 explizit oder implizit aufgegriffen (so z.B. Nr. 2–4, 7, 9, 10, 12, 14, 15).

Weiterführende Literatur:

J. Hacker, Der Rechtsstatus Deutschlands aus der Sicht der DDR, Köln 1974

ders., Deutsche unter sich. Politik nach dem Grundvertrag, Stuttgart 1977

D. Kühn, Deutschland und die deutsche Nation im Unterricht, in: Beil. zum Parlament B 49/77 v. 10.12.77

Th. Oppermann, Staatliche Einheit oder innere Freiheit? Zu den langfristigen Perspektiven der nationalen Frage in Deutschland, in: Europa-Archiv 21/1978, S. 681 ff.

C. Chr. Schweitzer (Hg.), Die deutsche Nation. Aussagen von Bismarck bis Honekker. Dokumentation, Köln 1976

K. Teppe, Das deutsche Identitätsproblem. Eine historisch-politische Provokation, in: Beil. zum Parlament B 20–21/76 v. 22.5.76

Ziele der Stunde

Die Schüler kennen
- die verfassungsmäßige Basis des Nationproblems in der Bundesrepublik Deutschland und der DDR;
- Grundzüge des BVG-Urteils zum Grundlagenvertrag.

Die Schüler erarbeiten
Unterschiede in der Auffassung des Begriffs „Nation" in Ost und West.

Die Schüler erkennen und beurteilen
- die Problematik der Nation-Definition im Urteil des BVG;
- Unterschiede in der Nationqualität zwischen Österreich/Schweiz auf der einen und der DDR auf der anderen Seite;
- die Berechtigung der Deutschen, auf friedlichem Wege die Wiedervereinigung anzustreben.

Verlaufsskizze

Unterrichtsschritt 1:
Nationale Identität der Deutschen heute

Als Einstieg verliest oder referiert der Lehrer den Ausschnitt einer Agenturmeldung (Reuter, zit. nach FAZ 20.12.79):

„In Aufsätzen über das deutsche Nationalbewußtsein haben Wolfgang J. Mommsen und Andreas Hillgruber geschrieben, in der Bundesrepublik entwickle sich ein Nationalbewußtsein, das sich immer weniger an ganz Deutschland, sondern zunehmend an dessen westlichem Teil orientierte. Der Landesverband nordrhein-westfälischer Geschichtslehrer wollte das genauer wissen. Er organisierte eine Umfrage, vornehmlich unter Gymnasiallehrern, die die deutsche Frage im Unterricht (...) erörtern. Ein Viertel der (...) Antwortenden schloß sich in seinem Urteil der Aussage Mommsens und Hillgrubers an; ein weiteres Drittel meinte, dieser Prozeß werde sich auf Dauer nicht aufhalten lassen. Daß sich jenseits der Mauer ein Staatsbewußtsein herausbilde, das sich ausschließlich auf die DDR als Staat beziehe, glauben noch erheblich mehr der Lehrer."

Die Textstelle wird von den Schülern diskutiert, wobei der Lehrer die Frage stellen kann, inwieweit die Schüler diese Umfrageergebnisse für allgemein repräsentativ halten. Auch sollten eigene Stellungnahmen der Schüler zu dieser Problematik eingeholt werden. Die weitere Frage, was denn eigentlich eine Nation ausmache, führt zu U'schritt 2.

Alternative:
Der Einstieg kann auch durch eine andere provokative Äußerung des Historikers R. Buchner (Deutsche Geschichte im europäischen Rahmen, Darmstadt/Göttingen, 1975, S. 475) gefunden werden. Hier läßt sich vom als unzulänglich monierten Staatsbewußtsein der Deutschen zur Frage überleiten, was denn eine Nation ausmache:
„Wie in der Überhebung der Hitlerzeit, so hat der politische Instinkt der Deutschen auch in der Erniedrigung der selbstverschuldeten Katastrophe vollkommen versagt. Oder kann man sich vorstellen, daß die Franzosen sich längs einer Linie Le Havre–Toulouse, die Engländer längs einer Linie Dover–Liverpool, die Russen längs einer Linie Leningrad–Odessa, jeweils mit der Zweiteilung der Hauptstadt, hätten auseinanderreißen lassen, ohne mit allen Mitteln, notfalls mit Gewalt résistance zu leisten? Während wir Deutschen in aller Gemächlichkeit beginnen, in beiden Teilstaaten ein gesondertes, ja entgegengesetztes Staatsbewußtsein zu entwickeln."

Unterrichtsschritt 2:
Unterschiedliche Definitionen
von Nation

Zur Begriffserklärung stehen den Schülern auf einem Arbeitsblatt marxistische und nichtmarxistische Definitionen zur Verfügung. Die Textanalyse, deren hauptsächliche Ergebnisse in einem Tafelbild festgehalten werden, ergibt, daß man in Westdeutschland den Nationenbegriff neuerdings insbesondere als Willensausdruck einer Großgruppe interpretiert (Text-Nr. 1; vgl. zu weiteren Stellungnahmen G. Maier, a.a.O., S. 21 f.), während die früheren durch den Idealismus geschaffenen sogenannten objektiven Kriterien nicht mehr als (allein) ausschlaggebend betrachtet werden. Die DDR hingegen sucht ihre Abgrenzungspolitik zur Bundesrepublik durch „objektive Kriterien" zu rechtfertigen, indem sie auf unterschiedliche Gesellschafts- und Produktionsverhältnisse verweist, die seit 1945 in beiden deutschen Staaten anzutreffen sind. Die sozialen Umwälzungen seit der kommunistischen Machtergreifung in der SBZ hätten qualitativ neue Verhältnisse geschaffen, so daß sich jetzt zwei völlig unabhängige Nationen gegenüberständen: eine bürgerlich-kapitalistische und eine sozialistische, deren Gemeinsamkeit in wachsendem Maße eher in einer sozialistischen Staatengemeinschaft zu suchen sei (Text-Nr. 2 a–b).

Unterrichtsschritt 3:
Verfassungspositionen

Der Lehrerhinweis, daß sich in den Definitionen dieser Historiker die parteioffizielle Haltung der DDR ausdrücke, leitet über zur staatsrechtlichen Problematik. Als Wiederholung der letzten Stunde wird nochmals auf die Neukonzeption der DDR-Verfassung von 1974 hingewiesen (vgl. auch M 21: Honecker, in: G. Maier, a.a.O., S. 23 f.), in der dem Rechnung getragen ist. Dagegen wird die Präambel des Grundgesetzes gestellt, in der es heißt:

„Das gesamte Deutsche Volk bleibt aufgefordert, in freier Selbstbestimmung die Einheit und Freiheit Deutschlands zu vollenden."

Daß 1972 im Grundlagenvertrag seitens der Bundesrepublik keineswegs ein Verzicht auf diese Rechtsposition geleistet wurde, erweist ein erneuter Blick auf die bereits in der 14. Stunde erwähnte entsprechende Passage, aus der hervorgeht, daß der DDR-Standpunkt, was die „nationale Frage" anbelangt, von der Bundesrepublik nicht geteilt wird. Hier könnte sich – falls die Schüler nicht von sich aus initiativ werden – die Lehrerfrage anschließen, inwiefern aber nicht die staatliche Anerkennung der DDR dem Grundgesetz-Gebot widersprochen habe.

Unterrichtsschritt 4:
Das BVG-Urteil zum Grundvertrag

Dies leitet über zum Urteil des Bundesverfassungsgerichts zum Grundvertrag. Nachdem der Lehrer kurz den Kontext erläutert hat (Anrufung des BVG durch Bayern/Zurückweisung der Klage), kommt es zur Auswertung der Hausaufgabe. Diese ergibt, daß der Bundesregierung der politische Spielraum vom Verfassungsgericht belassen wurde. („Die Abschätzung der Chancen ihrer Politik ist ihrer und der sie tragenden Mehrheit Sache.") Immerhin kam es aber auch zu einer deutlichen Begrenzung dieses Handlungsspielraums insofern, als die deutsche Nation ausdrücklich im Zusammenhang mit einem gesamtdeutschen Staatsvolk und einer gesamtdeutschen Staatsgewalt gesehen wurde. Eine Anwendung des Begriffs im Sinne von „Kulturnation" bezeichnete das Gericht als unzulässig. Daß eine solche Auslegung angesichts der herrschenden Realitäten und Bewußtseinslagen in Ost und West nicht unproblematisch ist, dürfte sofort erfaßt werden und sollte vorurteilsfrei diskutiert werden (vgl. zur Problematik auch die Kurzurteile von J. Rohlfes, in: Handreichungen zu PW, S. 59f., 109b, e sowie seine „Anmerkungen zum KMK-Beschluß ,Die Deutsche Frage im Unterricht'", in: GWU 30/1979, H. 6, S. 359f., dazu allgemein: D. Cramer, Deutschland nach dem Grundvertrag, Stuttgart 1973, S. 115ff.). Als Fazit der rechtlichen Erörterung ergibt sich also die Verpflichtung – insbesondere für jede Bundesregierung –, an einem politischen Begriff der nationalen Einheit festzuhalten.

Diese Auffassung ließe sich noch verdeutlichen durch Stellungnahmen der jeweiligen Bundespräsidenten bzw. Bundestagserklärungen aus Anlaß des 17. Juni.

Unterrichtsschritt 5:
Das Selbstbestimmungsrecht

Im letzten Unterrichtsschritt soll der Versuch gemacht werden, den Schülern die bundesrepublikanische Rechtsposition im Grundsatz einsichtig zu machen, zumal erfahrungsgemäß der bloße Verweis auf ein formaljuristisches Postulat oder eine staatliche Proklamation allein wenig Überzeugungskraft besitzt. Der Lehrer problematisiert den Nationbegriff mit der Frage, wieso denn ein gemeinsamer Anspruch auf deutsche Nationalität überhaupt bestehe. Auch Schweizer und Österreicher gehörten dem deutschen Sprach- und Kulturverbund an. Beide seien Bestandteil des Heiligen Römischen Reichs Deutscher Nation gewesen, heute in ihrer Souveränität aber wohl kaum in Frage gestellt. (Ähnlich äußerte sich übrigens auch Honecker 1973, in: G. Maier, a.a.O., S. 19f.). Auf diese Weise ist das ausschlaggebende Faktum hervorzuheben, daß die Selbständigkeit dieser Nationen nicht in Widerspruch zu Willen und Bewußtsein ihrer Völker steht. Dies ist für die Schweiz, deren Trennung ja im Befreiungskampf auf eigenen Wunsch erfolgte, für jeden sichtbar, gilt aber genauso für Österreich, deren Lösung vom Reich durch Beschluß der Alliierten in der Bevölkerung als Maßnahme empfunden wird, die durchaus dem Selbstverständnis und den eigenen Interessen entspricht. Eine solche Willensbekundung der DDR-Bevölkerung gibt es jedoch jetzt (noch) nicht, wiewohl das Bewußtsein einer eigenen Entwicklung und auch ein gewisser Stolz auf das selbständig Erreichte in der jüngeren Generation ihre Spuren hinterlassen dürften. Solange den Deutschen jenseits der Elbe das Selbstbestimmungsrecht – als wesentlicher Teil der Menschenrechte – versagt wird, mag die Staatenfrage im Sinne einer Spaltung gelöst sein, die Nationenfrage ist es nicht. Und bei aller Einsicht in die Notwendigkeit der Entspannung und das Fügen in machtpolitische

Gegebenheiten besteht kein Anlaß, das friedliche Streben nach deutscher Einheit zur Disposition zu stellen, wie immer man auch die Chancen einer Realisierung in absehbarer Zeit einschätzen mag. Daß solche Bemühungen selbstverständlich nicht durch Krieg oder Drohung mit Krieg stattfinden dürfen, ist erklärte Politik jeder Bundesregierung und hat ja auch schriftlich Eingang in die Ostverträge gefunden. Mit diesem Hinweis enden Stunde und Unterrichtsreihe.

Vorschlag für ein Arbeitsblatt

1 Der Nationalstaat ist in erster Linie dadurch zu charakterisieren, daß er sich als eine mit Souveränität ausgestattete politische Einheit versteht. Es handelt sich um eine politische Handlungseinheit, die über ihre inneren Angelegenheiten und über ihre Außenbeziehungen autonom bestimmt. (...)
Eine Gruppe von Menschen wird vor allem dadurch zur Nation, daß sie eine Nation sein will.
Natürlich ist dieser Wille nicht freischwebend, sondern in bestimmte historische Lagen und reale Daten eingebettet. Geographische Lage, Sprache, kulturelle Gemeinsamkeiten, Wirtschaftsfaktoren, gemeinsames Schicksal, gemeinsame Religion, all dies sind Faktoren, die bei der Entwicklung von Nationen zwar mitwirken können, sie sind aber als diese Faktoren relativ und können nicht zur Definition des Begriffes Nation herangezogen werden. (...)
Nun gab es allerdings in der Geschichte des Nationalbewußtseins zwei Strömungen oder Tendenzen: (...) Eine andere, man wird sagen können, weniger rationale Ausprägung des Nationalbewußtseins, hat ihre Quelle im deutschen Idealismus und vor allen Dingen in der Romantik. Diese Variante des Nationalbewußtseins war es vor allem, die von den für die deutsche Romantik charakteristischen Analogien aus der organischen Natur lebte. Hier wurde die Existenz der Nation nicht so sehr auf einen politischen Willensakt, sondern auf sogenannte objektive Gegebenheiten wie gemeinsame Geschichte, Volksgeist, Sprache, Sitte und Kultur zurückgeführt.
(M. Hättich, in: Funkkolleg Sozialer Wandel, Studienbegleitbrief 12, hg. vom Deutschen Institut für Fernstudien an der Universität Tübingen, 1975, S. 13 und 19f.)

2a ...Es gibt zwei Typen von Nationen: die bürgerliche und die sozialistische Nation. Die bürgerliche Nation beruht auf der kapitalistischen Produktionsweise, daher ist sie in antagonistische Klassen gespalten und wird durch Klassenkämpfe und soziale Konflikte erschüttert. Das Schicksal der bürgerlichen Nation ist untrennbar mit der Entwicklung des Kapitalismus und der Politik der herrschenden Klasse verbunden (...)
Die sozialistische Nation beruht auf der sozialistischen Produktionsweise, sie kennt keine Klassenantagonismen, sondern ist durch die wachsende politisch-moralische Einheit des Volkes gekennzeichnet, weshalb sie wesentlich stabiler als die bürgerliche Nation ist. Ihre führende Kraft ist die Arbeiterklasse, die im Bündnis mit der Klasse der Genossenschaftsbauern und allen werktätigen Schichten unter Führung der marxistisch-leninistischen Partei den Sozialismus baut (...).
(Kleines politisches Wörterbuch Berlin-Ost, 1973, S. 567 ff.)

2b ...Die Herausbildung der sozialistischen Nation in der DDR ist eine gesetzmäßige Konsequenz der unter Führung der Arbeiterklasse nach 1945 durchgeführten gesellschaftlichen Umwälzungen. (...)
Es ist also eine geschichtliche Tatsache (...), daß in der DDR auf der Grundlage der aufblühenden sozialistischen Gesellschaft eine selbständige sozialistische deutsche Nation existiert und sich weiter konsolidiert. Da sie historisch aus der revolutionären Umgestaltung eines Teils der früher einheitlichen kapitalistischen deutschen Nation hervorgegangen ist, hat sie zwar gewisse ethnische Gemeinsamkeiten mit der kapitalistischen Nation in der BRD, befindet sich ihrem Inhalt und ihrem Charakter nach aber in einem unüberbrückbaren Gegensatz sowohl zur alten, bis zum Ende des zweiten Weltkriegs existierenden kapitalistischen deutschen Nation als auch zur wei-

terexistierenden kapitalistischen deutschen Nation in der BRD. Und auch die ethnischen Elemente der Nation bleiben nicht ewig gleich, sondern unterliegen ebenfalls dem geschichtlichen Wandel (...)
Diese geschichtliche Bewegung auf dem Boden der DDR verläuft seit fast drei Jahrzehnten nicht nur als ein Prozeß der fortschreitenden Abgrenzung von der imperialistischen BRD, sondern vor allem in wachsender Gemeinsamkeit mit den Ländern der sozialistischen Staatengemeinschaft unter Führung der Sowjetunion.
(A. Kosigh/W. Schmidt, Zur Herausbildung der sozialistischen Nation in der DDR, in: „Einheit", Berlin-Ost 1974)

Zeittafel

Die folgende Zeittafel enthält die wesentlichen Daten, die im Zusammenhang dieser Stundenblätter wichtig sind. Ereignisse des internationalen Geschehens, die deutsche Belange immerhin indirekt betreffen, sind graphisch hervorgehoben.

1943:
28.11.–1.12.: Konferenz von Teheran

1944:
12.9.: Londoner Protokoll (Berlin-Regelung)

1945:
1.–11.2.: Konferenz von Jalta
April: Emigranten-Kader (Gruppe Ulbricht) nach Ostdeutschland
26.4.: Direktive JCS 1067 für die US-Besatzungstruppen
7./8.5.: Bedingungslose Kapitulation Deutschlands
9.5.: Stalin spricht sich gegen Zerstückelung Deutschlands aus
10.6.: Zulassung von Parteien und Gewerkschaften in der SBZ
26.6.: *UN-Charta in San Francisco unterzeichnet*
14.7.: Einheitsfront der antifaschistisch-demokratischen Parteien in der SBZ
17.7.–2.8.: Potsdamer Konferenz
Aug./Sept.: Zulassung von Parteien und Gewerkschaften in den Westzonen
2.9.: *Kapitulation Japans*
5.9.: Beginn der Bodenreform in der SBZ
30.10.: Beginn der Industriereform in der SBZ
6.11.: Stuttgarter Länderrat in der US-Zone

1946:
5.3.: *Churchills Rede in Fulton (Warnung vor Kommunismus)*
24.3.: Frankreich fordert ständige Besetzung des Rheinlands und internationales Ruhrstatut
21.4.: Zwangsfusion zur SED
Mai *SU räumt Nordpersien auf Druck der UN*
30.6.: Volksabstimmung gegen Kriegsverbrecher und Naziaktivisten in Sachsen
6.9.: Byrnes-Rede in Stuttgart
Sept./Dez.: SED-Verfassungsentwurf
Sept./Dez.: Erste Landtagswahlen in den Westzonen

1947:
1.1.: Bizone
3.2.: Ahlener Programm der CDU
10.3.–24.4.: Konferenz von Moskau ohne Ergebnis in der Deutschland-Frage
12.3.: *Truman-Doktrin*
5.6.: *Marshall-Plan*
6./7.6.: Münchener Ministerpräsidentenkonferenz scheitert
September: *Kominform gegründet*
8.11.: Verabschiedung der Saar-Verfassung: Autonomie bei Wirtschaftsanschluß an Frankreich
25.11.–15.12.: Konferenz von London. Nach Scheitern Ankündigung der Wirtschaftskooperation in den Westzonen
7.12.: Erster Deutscher Volkskongreß der SED

1948:
Februar: Kommunistischer Staatsstreich in der Tschechoslowakei
Im Laufe des Jahres fast völlige Sowjetisierung Osteuropas
18.3.: 2. Volkskongreß wählt Deutschen Volksrat:
Auftrag zur Ausarbeitung einer Verfassung
20.3.: Auszug der SU aus dem Alliierten Kontrollrat
Juni: SED wird (Kader-)„Partei neuen Typs"
20.6.: Währungsreform in den Westzonen
23.6.: Währungsreform in der Ostzone
24.6.–12.5.49: Blockade in Berlin/Luftbrücke
1.7.: Frankfurter Dokumente
13.7.: Aufstellung der Kasernierten Volkspolizei
1.9.: Parlamentarischer Rat beginnt die Arbeit
30.11.: Ablösung des gemeinsamen Magistrats von Berlin durch die SU

1949:
4.4.: *NATO-Vertrag unterzeichnet*
23.5.: Grundgesetz der Bundesrepublik Deutschland
30.5.: 3. Volkskongreß nimmt Verfassung der DDR an
15.7.: Düsseldorfer Leitsätze der CDU: Soziale Marktwirtschaft
21.7.: Nationale Front in der SBZ
14.8.: Bundestagswahlen
12./20.9.: Heuss zum Bundespräsidenten, Adenauer zum Bundeskanzler gewählt
21.9.: *Volksrepublik China ausgerufen*
25.9.: *Sowjetische Atombombe*
7.10.: Proklamation der DDR/Grotewohl zum Ministerpräsidenten,
Pieck zum Staatspräsidenten gewählt
23.11.: Petersberger Abkommen: Teilsouveränität
15.12.: Beteiligung der Bundesrepublik am Marshallplan

1950:
6.6.: Görlitzer Vertrag
25.6.–Juli 1953: *Koreakrieg*
29.9.: DDR im Comecon
15.10.: Wahlen in der DDR nach Einheitsliste

1951:
18.4.: Unterzeichnung des Montan-Vertrags

1952:
10.3.: Sowjetische Deutschland-Note: Angebot eines Friedensvertrags
bei Neutralisierung
26./27.5.: Deutschland-Vertrag, gekoppelt mit EVG-Vertrag

1953:
17.6.: Aufstand in Ostberlin
22.8.: SU erklärt die Reparationen zum 31.12. d.J. für abgeschlossen

1954:
25.1.–18.2.: Berliner Konferenz: 2. Deutschland-Note der SU
30.8.: EVG-Vertrag scheitert am französischen Parlament
23.10.: Unterzeichnung der Pariser Verträge

1955:
5.5.: Aufhebung des Besatzungsstatuts für die Bundesrepublik
9.5.: Beitritt der Bundesrepublik zur NATO
14.5.: Beitritt der DDR zum Warschauer Pakt
15.5.: Unterzeichnung des österreichischen Staatsvertrags: Souveränität bei Neutralität
26.7.: Chruschtschow-Erklärung gegen die „mechanische Wiedervereinigung" (Zwei-Staaten-Theorie)
23.9.: Staatsvertrag SU–DDR: Wiederherstellung der Souveränität
23.10.: Volksabstimmung gegen das Saarstatut
9.12.: Hallstein-Doktrin

1956:
18.1.: Gesetz über die Einführung der Nationalen Volksarmee
14.2.: Beginn des 20. Parteitags der KPdSU (Entstalinisierung)
7.7.: Einführung der allgemeinen Wehrpflicht in der Bundesrepublik
17.8.: Verbot der KPD

1957:
1.1.: Rückgliederung der Saar an die Bundesrepublik
30.1.: Ulbrichts Konföderationsplan
25.3.: EWG und Euratom unter Beteiligung der Bundesrepublik
19.10.: Abbruch der diplomatischen Beziehungen der Bundesrepublik zu Jugoslawien (Hallstein-Doktrin)

1958:
27.11.: Berlin-Ultimatum der SU (Drei-Staaten-Theorie)
NATO-Garantien für Berlin

1959:
15.11.: Godesberger Programm der SPD

1961:
13.8.: Berliner Mauer (Flucht bis 1961: 3,3 Mio.)

1963:
22.1.: Deutsch-französischer Freundschaftsvertrag
7.12.–1966: Passierscheinabkommen in Berlin

1964:
2./4.8.: Tonking-Zwischenfall. Massives US-Engagement im Vietnamkrieg beginnt

1966:
29.6.: Redneraustausch mit der SPD von der SED abgesetzt
13.12.: Große Koalition unter Bundeskanzler Kiesinger

1967:
31.1.: Diplomatische Beziehungen der Bundesrepublik zu Rumänien (Lockerung der Hallstein-Doktrin) → ‚Gegenverträge' der DDR mit Polen, CSSR, Ungarn und Bulgarien
10.5.–28.9.: Briefwechsel Kiesinger–Stoph

1968:
seit 1968:   getrennte Olympia-Mannschaften
11.4.:   Attentat auf Dutschke führt zu Anti-Springer-Demonstrationen in
                   der Bundesrepublik. Weitere Themen: Notstandsgesetze, Vietnam.
                   1968: Höhepunkt der Studentenunruhen in ganz Westeuropa
26.9.:   (Neu)Gründung der DKP

1969:
März/April: *Chinesisch-sowjetische Zuspitzung an Amur und Ussuri*
28.10.:   Regierungserklärung der Regierung Brandt/Scheel

1970:
12.8.:   Moskauer Vertrag
7.12.:   Warschauer Vertrag

1971:
3.9.:   Viermächteabkommen über Berlin
17.12.:   Transitabkommen über den Berlin-Verkehr

1972:
21.–28.2.:   *Nixon besucht China*
26.5.:   Verkehrsvertrag Bundesrepublik–DDR
28.5.:   *Unterzeichnung von SALT 1 in Moskau*
21.12.:   Grundvertrag

1973:
27.1.:   *Waffenstillstandsabkommen über Vietnam in Paris unterzeichnet*
31.7.:   BVG-Urteil zum Grundvertrag
11.12.:   Prager Vertrag

1974:
7.10.:   Neue DDR-Verfassung: Abkehr vom gemeinsamen Nationenbegriff

Stundenblätter Geschichte/Gemeinschaftskunde

Sekundarstufe I

*Greber, Ludwig/
Wurster, Karl-Heinz*
Die Französische Revolution
Klettbuch 927631,
76 Seiten + 20 Seiten Beilage,
geheftet

Lehle, Stephan
Kommunalpolitik
Klettbuch 927641,
81 Seiten + 25 Seiten Beilage,
geheftet

*Maier, Gerhart/
Müller, Hans Georg*
Der Absolutismus
Staat, Gesellschaft, Wirtschaft
Klettbuch 927111,
72 Seiten + 22 Seiten Beilage,
geheftet

Sekundarstufe II

*Blumenthal, Hans-Ulrich/
Schlenker, Michael*
**Industrielle Revolution
und Soziale Frage**
Klettbuch 927621,
99 Seiten + 24 Seiten Beilage,
geheftet

Göbel, Walter
**Deutschlandpolitik im
internationalen Rahmen**
Klettbuch 927671,
102 Seiten + 32 Seiten Beilage,
geheftet

*Größl, Wolf-Rüdiger/
Herrmann, Harald*
**Die Russische Revolution
und die innere Entwicklung
der Sowjetunion
bis zum XX. Parteitag**
Klettbuch 927651,
86 Seiten + 30 Seiten Beilage,
geheftet

*Maier, Gerhart/
Müller, Hans Georg*
Die Weimarer Republik
Klettbuch 927121,
122 Seiten + 28 Seiten Beilage,
kart.

Stundenblätter gibt es auch für die Fächer Deutsch und Geographie.